Poesía y profecía del Antiguo Testamento

CURSO PARA
MAESTROS CRISTIANOS

Por C. H. BENSON

Traducido por Fernando Villalobos P.

editorial caribe

Poesia y profecía del Antiguo Testamento
©1989 Editorial Caribe
3934 SW 8 Street, Suite 303
Miami, Florida 33134

Oficinas de redacción:
San José, Costa Rica
Buenos Aires, Argentina.

ISBN: 0-89922-010-X

Printed in Colombia
Impreso en Colombia

CONTENIDO

3

CAPITULO 1

Interpretación de la vida

INTRODUCCION A LOS LIBROS POETICOS

Se llaman libros poéticos los que están constituídos casi en su totalidad de poesías hebreas. Pero el elemento poético no se limita a los libros mencionados. Casi cada parte de la Biblia contiene poesía.

Cinco unidades literarias suelen llamarse libros poéticos: Job, Salmos, Proverbios, Eclesiastés y el Cantar de los Cantares. A los últimos tres a menudo se los llama "libros sapienciales". Ninguno de éstos podría clasificarse con justeza como libro profético o histórico. Como parte del canon del Antiguo Testamento, estos libros ayudan a comprender la vida de los israelitas.

No es posible fijar fecha exacta de los libros poéticos. Las alusiones a datos históricos son tan reducidas en esta literatura, que la fecha de composición es relativamente insignificante. (Los libros actuales sobre introducción al Antiguo Testamento, los datan desde tiempos premosaicos hasta el primer siglo antes de Cristo.) Tampoco la paternidad literaria tiene importancia primordial. Reyes, profetas, filósofos, poetas y gente común, todos están representados entre los autores, muchos de los cuales son anónimos.

Esta literatura refleja los problemas, experiencias, creencias, filosofía y actividades de los israelitas. Estos escritos contienen una amplitud de intereses tan grande, que su atractivo es casi universal. A pesar de las diferencias de tiempo, cultura y civilización, las ideas fundamentales expresadas por los escritores israelitas en su interpretación de la vida, aún poseen importancia vital para el hombre de todos los ámbitos.

Job

Contenido: El problema del sufrimiento

Tiempo que abarca: 140 años

Autor: Probablemente Moisés

Divisiones:

Bosquejo

MARCO HISTORICO DEL LIBRO

Poca base hay para dudar del carácter histórico de Job, puesto que se le menciona en otras partes de la Biblia. En Ezequiel 14, se le menciona junto con Noé y Daniel como uno de los tres grandes intercesores en quienes Dios se complació. En el Nuevo Testamento, Santiago se refiere a Job y Elías en un mismo capítulo (Stg. 5:11,17). De reconocer a uno como personaje histórico, igual hay que hacer con el otro.

Además, si Job fuera sólo un personaje mítico, ello se indicaría en el propio libro o en referencias al mismo. Cristo indicó claramente que sus parábolas eran simples ejemplos, y ningún otro método para distinguir entre el hecho y la ficción en las Escrituras sería digno de la Palabra de Dios. Todos los demás grandes poemas de la Biblia, como el cántico de Moisés (Ex. 15) y el cántico de Débora (Jue. 5), se basan por completo en incidentes históricos.

Hay pruebas fidedignas de que Job fue un personaje histórico. En efecto, es posible determinar con cierto grado de certeza el tiempo en que vivió. Fue uno de los patriarcas, y vivió probablemente antes que Abraham. En la época de su probación, estaba casado, y tenía hijos que habían formado sus hogares independientes, e hijas que aún vivían en la casa (Job 1:4).

No era corriente que los patriarcas se casaran muy jóvenes. Job tenía quizá unos sesenta años de edad al iniciarse la escena del primer capítulo. Puesto que vivió 140 años después de esto (Job 42:16), ha de haber muerto a la edad de 200 años, por lo menos. Como la longevidad del género humano decreció gradualmente después del Diluvio hasta el Exodo, el estudio de la genealogía bíblica (Gn. 11) indica que no sería consecuente colocar el período de Job en fecha posterior a Tera, el padre de Abraham.

Otros argumentos sugieren que Job vivió entre el tiempo de la construcción de la torre de Babel y el llamamiento de Abraham. La falta de toda referencia a los hijos de Israel y sus leyes, que aparece en todos los demás libros del Antiguo Testamento, y el no mencionar la catástrofe de Sodoma y Gomorra, aunque se refiere al Diluvio (38:8 - 11), indican un período anterior a Abraham. Además, la religión de Job era la de los patriarcas, en que la mediación entre Dios y el hombre era el altar familiar y no el sacerdote oficiante del período mosaico. Otra buena razón para creer que Job es el puente entre Noé y Abraham durante el período post-diluviano de idolatría universal es que el mundo no ha carecido jamás de testigo divino (Hch. 14:17).

Cronológicamente el libro pertenece al período de Génesis. La tradición le atribuye el libro a Moisés, e indica que lo escribió mientras residía en Madián. De ser esto correcto, Job sería el libro más antiguo de la Biblia, anterior a la escritura aun del Génesis.

CONTENIDO DEL LIBRO

Job es el principal orador y actor del libro. La clave del libro es el primer capítulo, que presenta a Job y lleva al lector a un escenario divino (Job 1:6). Aparece Satanás como acusador de nuestros hermanos (Ap. 12:10). Cuando Dios le señala la justicia de Job, a quien Satanás no había podido corromper, éste acusa a Job de espíritu mercenario y declara que si Dios le quitara sus bendiciones temporales, no le sería tan fiel. Dios acepta el desafío satánico, no tanto por someter a prueba la lealtad de Job, sino para demostrar el poder de la gracia divina para sustentar a su siervo.

El tema del libro es el problema del sufrimiento en la experiencia del individuo. El propósito de Dios al valerse de Satanás es cultivar el carácter mediante las pruebas y hacer que los hombres seamos partícipes de la santidad divina. La victoria de Job sobre Satanás ha sido gran consuelo para el pueblo de Dios en toda generación. Para comprender el propósito de este libro, han de entenderse los siguientes hechos:

Job era rico

Era el hombre más acaudalado del Oriente, y quizá el más grande de su época (1:3). Poseía grandes rebaños de ganado, y muchos siervos, lo cual constituía la fortuna de aquel tiempo. Disfrutaba de las ventajas de una civilización sedentaria, pues tenía residencia fija. Vivía en una ciudad (29:7), en una casa (1:4) y no en una tienda como Abraham y Jacob (He. 11:8 - 10).

Job era varón respetado

Su reputación era tan grande como sus posesiones. Tenía sitial de caudillo y moraba como un rey en la ciudad. Jóvenes y viejos lo trataban con deferencia. Príncipes y nobles lo honraban. Era padre del pobre y defensor del oprimido. (29:7-25).

Job era varón justo

Agradaba a Dios y a los hombres. A pesar de la idolatría que reinaba en torno, Job adoraba fielmente al único Dios verdadero. Diariamente ofrecía sacrificios por sí y por sus hijos. Amaba el bien y aborrecía el mal. Fue loado como varón "perfecto" (1:1,8). Esa perfección indicaba plenitud de carácter y rectitud de pensamiento y actos. La vida de Job no era perfecta en cuanto a santidad, según él mismo lo reconoció (40:4). Su confesión de que necesitaba un Redentor (19:25) es la expresión culminante del libro.

Job fue sometido a prueba

Su lealtad a Dios fue severamente probada. Dios lo *probó*; Satanás lo *tentó*. Vinieron una calamidad tras otra. Perdió sus bueyes y asnos, luego sus ovejas, después sus camellos y por último sus hijos e hijas. Las palabras "aún estaba éste hablando", repetidas tres veces (1:16,17,18), muestran la vehemencia y rapidez de los ataques satánicos. Pero Job se mantuvo fiel a Dios. Sabía que Dios le había dado cuanto poseía y que él tenía derecho para quitárselo, si a bien lo tenía.

Pero Satanás no se dio por satisfecho. Pidió permiso para probar la integridad de Job mediante una horrible enfermedad (2:4-7). Job se convirtió en objeto lamentable, tàn repulsivo que hasta su esposa y sus parientes lo abandonaron. Pero con firmeza rehusó abandonar su fe en Dios. Su persistente fe bajo las pruebas demostró que no servía a Dios a cambio de riquezas, familia o salud.

La más difícil de las pruebas fue la visita de tres amigos –Elifaz, Bildad y Zofar– que llegaron a expresarle condolencia y se quedaron a criticar. Dieron voz a lo que Job temía en silencio (3:25). Insinuaron que el mundo religioso tendría a Job por hipócrita, por hombre que ocultaba su perversidad, lo cual se hacía manifiesto por las calamidades que lo abrumaban. Los discursos de ellos y las respuestas de Job ocupan gran parte del libro. Ellos derramaron su filosofía sobre el infeliz en tres series de discursos, contra cada una de las cuales plantea Job su defensa.

Elifaz representaba al hombre de ciencia. Argumentaba fundándose en la experiencia y los hechos. Estaba convencido de que Job era sin duda un pecador a escondidas. Bildad fundaba sus argumentos en la tradición. Su discurso fue más corto y su lenguaje más áspero que el de Elifaz. Zofar era un moralista. Creía en la salvación por méritos propios, y trataba de probar que las calamidades de Job provenían de sus pecados de omisión.

En la segunda y tercera series de discursos, los filósofos afirmaron con mayor vehemencia la culpa de Job y se mostraron más desconsiderados hacia su lamentable condición. En efecto, cuanto más argumentaban menos fruto obtenían. Job los llama "consoladores molestos" (16:2) que entendían poco de sus padecimientos. Luego se apartó de ellos y se volvió a Dios, derramando su alma en lamentos y sosteniendo su inocencia frente a las insinuaciones de ellos.

Mientras peroraban, había un oyente atento cuya juventud e inexperiencia no le permitían participar en el debate. Aunque era joven, Eliú descubrió que la sabiduría no pertenece necesariamente a los ancianos y eruditos. Cuando Elifaz, Bildad y Zofar no lograron convencer a Job de que sus padecimientos eran fruto del pecado, Eliú planteó un nuevo argumento. Su discurso abarca seis capítulos. Condenó a los tres amigos por acusar injustamente de hipocresía a Job, y a éste lo condenó por creer que Dios había sido injusto con él. Los amonestó a todos a contemplar la grandeza de Dios en la creación y su bondad en la revelación.

Eliú era el árbitro que Job deseaba (9:33), pues argumentaba que la aflicción podía tener valor educativo, y que Dios tenía una reserva de bienes para otorgar finalmente al padeciente. Mostró que no había diferencia moral entre Job y sus tres acusadores; que todos eran pecadores y por igual necesitaban de un Salvador. Sacó a luz de este modo las doctrinas básicas del Nuevo Testamento.

Job se quejaba de que Dios guardaba silencio y no acudía a sus lamentaciones; pero después que habló Eliú vino la respuesta. En una de las más sublimes porciones de la Escritura, Dios le habla a Job respecto a sí mismo (38—41). Eliú había presentado la sabiduría y el poder de Dios. Ahora Dios se revela.

Es notable que Jehová no da ninguna explicación respecto a

los padecimientos de Job, no falla la cuestión en debate, y no sugiere compensación alguna a su siervo por lo que había sufrido. Mostró que lo hecho con Job escapaba a toda crítica.

Como resultado de esta manifestación de Dios, Job se aborreció. Luego se le indicó que orara por sus tres amigos, y cuando lo hizo fue vindicado en presencia de ellos (42:7 - 9). De este modo Job, igual que Noé y Daniel, se convirtió en gran intercesor. No sólo fue vindicado, sino que vivió lo suficiente para tener hijos y nietos, duplicar su antigua fortuna, y recobrar su anterior prestigio y prosperidad.

El libro de Job se destaca por sus estudios sobre la naturaleza. Ningún otro libro de la Biblia contiene tanta teología natural. Los personajes eran grandes científicos. Presentaron hechos astronómicos que no llegaron al dominio público sino hasta años recientes. Sus conocimientos de la geografía física y de la zoología eran muy exactos. El libro de Job es también extraordinario en su estudio de Satanás. Ningún otro libro revela tantos datos sobre el "Príncipe de este mundo". Dios reveló el hecho de que el adversario es una persona; que tiene gran poder; que domina los vientos y el rayo en el cielo, y las pestes y enfermedades en la tierra. Es el "acusador de los hermanos". Pero aún siendo el autor de todo mal, no puede tentar al hombre sin permiso de Dios (1 Co. 10:13).

El gran tema de este libro es el estudio de la aflicción. ¿Por qué tienen que sufrir los hijos de Dios? Puede ser para disciplinarse, desarrollarse, o ante todo, para la gloria de Dios (Jn. 9:3). Hemos de tener presente en todo momento que no se trataba tanto de la lealtad de Job, sino del poder de Dios. "Fiel es Dios."

El ejemplo de Job ha dado consuelo y valor a los afligidos en todas las épocas. Pero aquél que sufrió la más grande aflicción no fue Job, sino Jesucristo. El es la respuesta a la pregunta de Job: "Si el hombre muriere, ¿volverá a vivir?" Cristo, y no Eliú, es plenamente el mediador que Job anhelaba entre él y Dios. El Señor Jesucristo es nuestro mediador.

PREGUNTAS POSIBLES PARA REPASO

1. Demuestre con la Biblia que Job fue un personaje histórico.

2. Dé razones para creer que Job vivió en días de los patriarcas.

3. ¿Cuál es la opinión tradicional respecto a quién escribió este libro?

4. ¿Cuál es la clave al libro de Job?

5. ¿Cuáles cuatro hechos acerca de Job ayudan a entender el propósito del libro?

6. ¿Quiénes eran los tres amigos de Job?

7. ¿Qué explicación dio cada uno de sus amigos sobre la aflicción de Job?

8. ¿Cuáles fueron las reacciones y respuestas de Job a los argumentos de sus amigos?

9. La forma en que Eliú explicó la aflicción de Job, ¿cómo indica su papel de mediador?

10. ¿Cómo reaccionó Job ante la manifestación de Dios?

11. ¿Qué aprendemos en el libro de Job respecto a las actividades de Satanás en cuanto al creyente?

EXPLORACION ADICIONAL

1. Anote las inmutables características que respecto a sí mismo revela Dios en su respuesta a Job en los capítulos 38—41.

2. Compare y contraste los sufrimientos de Job y los de Cristo:
Actitud frente a la acusación (Job 12:1-4; cp. Mt. 26:23; 27:12-14).
Frente al insulto y la mofa (Job 15:17-35; cp. Mt. 27:39; Mr. 15:29).
Magnitud del sufrimiento físico (Job 2:7; cp. Mt. 27:29-35).
Propósitos del sufrimiento (Job 42:2, 5, 6; cp. Ro. 5:10, 11; Ap. 5:12, 13).

3. Compare estos principios con las enseñanzas de Filipenses 3:8; Hebreos 2:18; 5:8; 1 P. 2:21; 3:18; 5:10, y anote por lo menos cuatro principios relativos al sufrimiento que puedan aplicarse en todos los tiempos.

4. Compare y contraste las experiencias de Job con las de los cristianos actuales:
—El testimonio de Job atacado por Satanás.
—Los "molestos consoladores" de Job.

—Problemas físicos, económicos y espirituales de Job.
—¿Qué piensa Job de sí mismo después de una nueva revelación de Dios?
—Bendiciones de Dios después de la prueba.

CAPITULO 2

Salmos

Contenido: Himnos de Israel

Tiempo: Escritos durante mil años (Moisés a Esdras)

Autores: David 73; Asaf 12; hijos de Coré 12; Salomón 2; Hemán 1; Etán 1; Moisés 1; Anónimos 48

Divisiones:

    I. Libro primero —Salmos de David (37), 1—41
    II. Libro segundo —Salmos devocionales, 42—72
    III. Libro tercero —Salmos litúrgicos, 73—89
    IV. Libro cuarto —Salmos anónimos (10), 90—106
    V. Libro quinto —Salmos post-exílicos, 107—150

Posible clasificación por temas:

    I. Confianza: 11, 16, 23, 27, 34, 56, 57, 62, 71, 139
    II. Consuelo: 37, 42, 43, 46, 77, 91, 94, 97, 116
    III. Historia: 78, 83, 105, 106, 114, 135, 136, 137
    IV. Imprecación: 3, 5, 7, 10, 35, 36, 52, 58, 64, 109
    V. Vida: 39, 49, 90, 102, 103, 144
    VI. Misiones: 2, 50, 72, 96, 97, 98, 115
    VII. Naturaleza: 8, 29, 65, 104, 147, 148
    VIII. Acción de gracias: 75, 92, 100, 118, 136, 146
    IX. Peregrinación: 120—134
    X. Patriotismo: 33, 68, 74, 76, 87, 144
    XI. Arrepentimiento: 6, 32, 38, 51, 88, 130
    XII. Petición: 4, 13, 17, 25, 28, 54, 55, 61, 86, 141
    XIII. Alabanza: 9, 18, 30, 40, 47, 66, 95, 107, 138, 149, 150
    XIV. Preceptos: 1, 12, 19, 33, 119
    XV. Profecía:

        A. Cristo
            1. Humillación, 22, 31, 41, 69
            2. Coronación, 8, 16, 24, 45, 46, 47, 110
            3. Reino, 9, 67, 72, 89, 93, 132, 145

B. Israel, 14, 44, 60, 80, 85

C. Jerusalén, 48, 79, 87, 102, 122, 126

Lecturas selectas: Salmos 1, 2, 8, 16, 22—24, 27, 39, 41, 45, 46

MARCO HISTORICO DE LOS SALMOS

Los Salmos, igual que Job, fueron escritos más para el santo que para el pecador. Constan de cánticos para los redimidos, más que de mensajes para los incrédulos (Ef. 5:19; Stg. 5:13; Col. 3:16). Los Salmos estaban destinados a la expresión vocal y al acompañamiento instrumental. La poesía hebrea es en su mayor parte lírica, nombre que se le da porque originalmente se acompañaba con música de lira. Una palabra que se traduce por "salmo" significa "composición para la música". Los músicos de Israel no recibían paga. Ciertas familias que poseían talento natural aportaban su servicio, generación tras generación, al culto congregacional.

Los hebreos empleaban una gran variedad de instrumentos. En el templo, los coros empleaban todo instrumento musical conocido. En el gran coro de aleluya del Salmo 150, se mencionan no menos de ocho instrumentos.

Los instrumentos, al parecer, se clasificaban en tres categorías.

1. El primer grupo lo integraban "instrumentos de viento". El *shofar* o cuerno de carnero es llamado "bocina" en el primer verso del Salmo 150:3.

2. Al segundo grupo pertenecían los "instrumentos de cuerda". El arpa, de la cual había diversas variedades, es mencionada con más frecuencia (Dn. 3:5). El salterio a veces abarcaba toda una clase de instrumentos de cuerda, similares a los de uso actual.

3. El tercer grupo abarcaba los "instrumentos de percusión". El tamboril era una especie de pandereta que se tocaba con los dedos. Diversas clases de címbalos se empleaban para llevar el ritmo (1 Cr. 15:19).

Los Salmos, igual que el Pentateuco, se dividen en cinco libros de importancia histórica. La mayoría de los Salmos se agrupan en torno a tres períodos de la historia hebrea: el reinado de David, el reinado de Ezequías, y el período del cautiverio y el retorno. Los salmos del primer período del reino se hallan en el primer libro; los relativos al segundo período del reino están en el segundo y tercer libros. Los salmos del exilio y post-exilio están en su mayoría en el cuarto y quinto libros. Es probable

15

que el primer libro haya sido compilado por Salomón, el segundo y tercero por los "varones de Ezequías" (Pr. 25:1; 2 Cr. 29:30), y el cuarto y quinto por Esdras.

Muchos de los poemas inmortales del Antiguo Testamento nacieron al impulso de alguna gran crisis nacional que tocó las fibras más íntimas del pueblo. El cántico de Moisés se inspiró en la tragedia del Mar Rojo (Ex. 15); el cántico de Débora, en la derrota de los cananeos y la audaz ejecución de Sísara (Jue. 5). Las crisis en la vida de David inspiraron muchos salmos. Otros poemas fueron la explosión de alabanza y gratitud por alguna liberación memorable u otra experiencia extraordinaria.

Una doxología pone fin a cada libro, y marca claramente su separación del libro siguiente. Como el Sermón del Monte, los Salmos comienzan con una bienaventuranza y se elevan apropiadamente hasta un gran final de alabanza en el grupo conocido como Salmos de Aleluya, en que la composición final es un coro de aleluyas.

Ciento dieciséis de los salmos tienen título. Dichos títulos no son parte del texto sagrado, pero son sumamente instructivos en cuanto a las circunstancias que llevaron a componerlos. Mencionan al autor y dan instrucciones a los músicos; presentan la ocasión histórica, el empleo litúrgico, el estilo del poeta, el instrumento acompañante y el ritmo que rige las palabras en el canto. A veces todo esto se combina, como en el Salmo 60. El cabal estudio de estas distinciones enriquecerá la vida del creyente.

Los Salmos 1 y 23 son los más conocidos. El Salmo inicial enaltece la Palabra de Dios y contrasta la condición presente y futura de justos e impíos. El Salmo del Pastor exalta la divina providencia. Excepto posiblemente el Padrenuestro, es la porción bíblica más conocida. Ha sido el salmo favorito de multitudes de cristianos y ha inspirado nuevo valor y nueva confianza en el divino Pastor. Después de éste, quizá el favorito del pueblo cristiano sea el Salmo 103, que loa la bondad de Dios. Seis de los salmos son himnos matutinos, y tres, himnos vespertinos. Diez comienzan con la invitación "alabad". En el Salmo 136, cada uno de sus veintiséis versículos termina con las palabras, "porque para siempre es su misericordia". El Salmo más largo es el 119. El capítulo más corto de la Biblia es el salmo 117. Este es también el capítulo central. El Salmo 104 es la historia de la creación. El Salmo 148, el aleluya de la naturaleza; el Salmo 65, es el cántico del agricultor; y el Salmo 121, la oración del viajero.

PATERNIDAD LITERARIA DE LOS SALMOS

Los Salmos no se escribieron en un solo tiempo ni por una sola persona. Fueron reunidos durante un período de 1.000 años, y escritos por más de doce personas. El período de su composición se extiende de aproximadamente 1400 a.C., cuando Moisés escribió el Salmo 90, hasta 444 a.C., cuando Esdras completó el canon y, según la Septuaginta, añadió los Salmos 1 y 119. A pesar de la gran separación en cuanto a tiempo y posición social entre los compositores, tienen una maravillosa unidad de pensamiento y espíritu. La única explicación de esto es que Dios es su autor.

Muchos de los escritores de los Salmos fueron músicos que compusieron tanto las palabras como la música de los poemas. La forma musical de estos himnos no puede comprenderse sin conocer la organización levítica de la orquesta y el coro (1 Cr. 15:16 - 24,25).

Por lo menos setenta y tres salmos fueron escritos por David, y dos por Salomón. Doce se atribuyen a Asaf, el director levita del coro davídico, y doce a la familia de cantores de Coré. La mayoría de los salmos de Asaf indican una fecha posterior a David y probablemente los escribieron sus descendientes, que fueron destinados al servicio del templo (1 Cr. 25:1,2). A Hemán y a Etán (1 Cr. 15:16,17), músicos de la corte, se les atribuye un salmo a cada uno. La Septuaginta atribuye tres a Isaías, dos a Jeremías y los últimos tres a Hageo y Zacarías.

Cuarenta y ocho de los salmos son anónimos. Pero en muchos casos ha sido posible determinar el autor. Hechos 4:25 y Hebreos 4:7 revelan que David escribió el Salmo 2 y el 25. "Selah" (que significa pausa) al final del Salmo 9, que fue escrito por David, quizá sugiera que el siguiente también sea obra suya. Si los cánticos de Ezequías (Is. 38:20) se incorporaron alguna vez al Salterio, quizá sean los diez Salmos graduales, que corresponden uno a cada grado de retraso en el reloj de sol de Acaz (Is. 38:8), y cinco, obra de otros autores, se añadieron para completar el número de años de vida que se otorgaron a Ezequías después de su enfermedad.

TRES GRANDES CARACTERISTICAS DE LOS SALMOS

Naturaleza de Dios

Ningún otro libro del Antiguo Testamento enseña tanto acerca de Dios. El bosquejo teológico incluye su omnipotencia

(107:25 - 29), omnisciencia (147:4,5), y omnipresencia (139:7 - 12); así como su eternidad (90:2) e inmutabilidad (102:24 - 27). A menudo se presentan los atributos naturales y morales de Dios. Así aprendemos de su santidad (99:9), justicia (11:4-7; y rectitud 145:7), misericordia (86:15) y fidelidad (119:90).

Dios de la naturaleza

Sólo el libro de Job sobrepasa a los Salmos en teología natural. El salmista se vale de la naturaleza para mostrar a Dios como maravilloso y poderoso creador, proveedor y protector. Muchas escenas de la naturaleza se pintan de mano maestra, como la tormenta marina (Sal. 107:25 - 30); los cuadros pastoriles (Sal. 65; 104); el cielo estrellado (Sal. 8; 19).

La Palabra de Dios

Ningún otro libro de la Biblia magnifica tanto la Palabra de Dios. El Salmo 119, que es el más largo, contiene esplendentes tributos a las Escrituras en 174 de sus 176 versículos. Los Salmos se mencionan o claramente se alude a ellos en el Nuevo Testamento casi setenta veces, y son por tanto el libro del Antiguo Testamento más citado por los escritores del Nuevo. Los Salmos son el eslabón que une el Antiguo y el Nuevo Testamento. En ellos se expresan los grandes propósitos y lecciones de la ley mosaica.

TRES IMPORTANTES USOS DE LOS SALMOS

Los Salmos, modelos de devoción aceptable

Los Salmos fueron bien adaptados como expresión de la alabanza de Israel por la providencial manifestación del interés divino por el pueblo de Dios. Son igualmente adecuados hoy día para expresar la oración y alabanza del cristiano.

Otros libros como el Pentateuco y los Profetas suministran mucho material para la doctrina teológica y para los correctos principios de adoración, pero este libro es un rico filón de experiencia religiosa. Lutero lo llamaba "Pequeña Biblia", y declaraba que jamás podría hallarse libro más precioso de ejemplos que el Salterio. "Aquí hallamos no lo que uno o dos varones santos hicieron, sino lo que ha hecho el propio Príncipe de todos los santos, y lo que todos los santos hacen aún: qué actitud tienen hacia Dios, hacia los amigos y los enemigos; cómo se comportan en todos los peligros, y cómo se sostienen en todo sufrimiento. Del Salterio puede decirse que es un librito para todos los santos, en el cual todo hombre, sea cual sea la situación en que se encuentre, hallará sentimientos aplicables a su caso particular, y que son tan suyos como si se hubieran escrito para él únicamente, y expresados como él no podría expresarlos, ni aún desear hallarlos mejor expresados de lo que son."

Los Salmos como expresión ética

Las raíces morales de la religión se hallan tanto en el Antiguo como en el Nuevo Testamento. La relación del hombre con Dios determina lo correcto o incorrecto de sus relaciones con el prójimo. Los Salmos trazan una clara distinción entre el pecado y la justicia, los malvados y los justos. Las palabras "justo" y "justicia" aparecen más de 130 veces en los 150 Salmos. Las palabras "pecado" e "iniquidad" aparecen sesenta y cinco veces, y "bien" y "mal" o sus equivalentes, unas cuarenta veces. Esas palabras encierran ricos conceptos éticos y religiosos e implican una norma de conducta humana consecuente con la revelación del carácter divino: su santidad, poder, sabiduría, amor y gracia.

Los Salmos y la Profecía

Los Salmos contienen predicciones de la historia de Cristo y describen con admirable exactitud sus padecimientos y gloria. Cristo dirige la atención a este hecho en Lucas 24:44. Los Salmos son el evangelio en la profecía. No hay mejor prueba de la inspiración de la Escritura que el drama de la crucifixión de Nuestro Señor presentado en los Salmos mil años antes que él naciera. Los Evangelios registran lo que Cristo dijo e hizo, y lo que le dijeron e hicieron. Los Salmos revelan su vida interior: lo que sentía, y cómo vivía en la presencia de su Dios y Padre. Hay también Salmos que presentan la historia futura de Israel y la gloria milenial de Jerusalén.

PREGUNTAS POSIBLES PARA REPASO

1. ¿Qué referencias del Nuevo Testamento sugieren que los Salmos se cantaban en la iglesia primitiva?

2. ¿Qué prueba hay de que muchos de los Salmos se inspiraron en alguna experiencia extraordinaria?

3. ¿Cómo concluye cada una de las cinco divisiones de los Salmos?

4. ¿Por qué son los Salmos 23 y 103 favoritos de tanta gente?

5. Explique el valor de los títulos de los Salmos.

6. Nombre seis autores de los Salmos.

7. Anote tres características de los Salmos.

8. ¿Cómo magnifican los Salmos la Palabra de Dios?

9. Diga tres importantes usos de los Salmos.

10. ¿Cómo enlazan los Salmos el Antiguo Testamento con el Nuevo?

EXPLORACION ADICIONAL

1. ¿Qué ayudas se sugieren para liberarnos de emociones destructivas como el temor, la ansiedad, el odio, los celos, en Salmos 3, 10, 15, 34, 37? Anote actitudes específicas acerca de sí mismo, el prójimo y Dios, que se sugieren en estos Salmos.

2. Vuelva a leer esos mismos Salmos y anote los títulos y frases descriptivas que presentan el carácter inmutable de Dios.

3. Relacione lo descubierto en el proyecto uno con lo del proyecto dos, e indique cómo el conocimiento que uno tenga de Dios determina en gran manera su actitud y acciones.

NOTAS DE ESTUDIOS

NOTAS DE ESTUDIOS

CAPITULO 3

Salmos

(continuación)

Lecturas selectas: Salmos 65, 69, 72, 89–91, 103, 104, 118, 121, 132, 148.

Es posible clasificar esta antigua colección de himnos de alabanza y adoración bajo muchos temas generales. Pero en algunos salmos la distinción no es muy clara. Muchos salmos tratan de varios asuntos diferentes aunque relacionados. El Salmo 19, por ejemplo, ensalza tanto las obras como la Palabra de Dios. Podría por tanto clasificarse como salmo de la naturaleza o como salmo de preceptos. La clasificación de por lo menos algunos salmos es arbitraria y se basa en la decisión del individuo. La mayoría de los salmos históricos son adecuados para ocasiones patrióticas, porque los judíos eran un pueblo definidamente patriótico. De igual modo, muchos salmos proféticos vendrían bien en reuniones misioneras. El misionero cristiano trabaja con la plena certidumbre del día venidero en que todos los reyes se postrarán delante del Señor; todas las naciones le servirán (Sal. 72:11).

De las diversas clasificaciones, sólo consideraremos tres.

SALMOS DE IMPRECACION

Los salmos imprecatorios han dejado perplejos a muchos cristianos devotos, especialmente a la luz de la enseñanza neotestamentaria respecto al amor hacia nuestros enemigos (Mt. 5:44). Quienes critican la Biblia suelen citar pasajes como Salmo 58:6; 109:10; 137:8,9 como ejemplos de pasión vengativa, y dicen que no es posible que hayan sido escritos bajo inspiración del Espíritu Santo.

Bueno es tener presente que la Biblia, si bien está libre de error, a menudo registra lo que otros dijeron: hombres malos, buenos, inspirados y sin inspiración. En los Salmos consta lo que Dios dijo al hombre, y eso siempre es verdadero. Por otra parte, hay muchas afirmaciones hechas por los hombres, y éstas pueden ser verdaderas o falsas. Los pasajes arriba citados son lo que los hombres dijeron a Dios, el inspirado registro de las oraciones dirigidas a Dios. Derraman ante él la agonía de su corazón, y claman pidiendo venganza sobre sus enemigos.

¿Se justifica alguna vez la expresión de justa indignación? ¿La permitirían la enseñanza del Antiguo Testamento o del Nuevo? Por vía de ilustración, el Salmo 52 sugiere una respuesta. Aquí estalla la indignación de David contra el espantoso crimen de Doeg. Cuando los siervos del rey Saúl se negaron a matar a ochenta y cinco sacerdotes israelitas falsamente acusados, Doeg, un pastor edomita, consintió, y con su cruel y homicida espada, mató sin piedad, no sólo a los inocentes sacerdotes, sino a hombres, mujeres, niños, bueyes, asnos y ovejas. ¿No es verdad que la sola mención de tales atrocidades provoca sentimientos irrefrenables? Esa expresión de indignación no tendía a satisfacer mala voluntad personal. No era venganza particular.

Cuando el Salmista pide a Dios que se vengue de los impíos, ¿no se está adelantando a la enseñanza del Nuevo Testamento? La venganza pertenece a Dios, él pagará (Ro. 12:19). En vez de vengarse por mano propia, David pedía a su justo Dios que juzgara la iniquidad. Nada hay de malo en pedir a Dios que rompa los dientes de los malvados que los usan para destrozar a los justos. Además, nada se destaca tanto en la vida de David como su bondadoso y generoso trato para con sus enemigos. No sólo rehusó matar a su más acérrimo e implacable enemigo, sino que impidió a otros hacerlo (1 S. 26:5 - 9). Aunque David oró diciendo: "Anden sus hijos vagabundos, y mendiguen" (Sal. 109:10), bondadosamente buscó al nieto de su archienemigo Saúl, y le dio sitio en la mesa real como uno de sus hijos (2 S. 9:1,2,11).

El idioma del pueblo hebreo es directo y concreto, no abstracto. Donde nosotros decimos crimen, ellos señalan al criminal. Al cristiano, por otra parte, se le enseña que debe tener compasión del pecador, pero aborrecer su pecado. Cuando el idioma no hace distinción entre el pecado y el pecador, salta inmediatamente a la vista lo injusto de la crítica.

SALMOS HISTORICOS

Ninguna parte de este libro está más íntimamente relacionada con el resto del Antiguo Testamento que los salmos históricos. Los Salmos 78, 105, 106 sobresalen por el empleo didáctico de la historia, pero hay un hilo histórico entretejido en todo el Salterio. Se ha intentado relacionar todos los salmos con algún acontecimiento histórico, aunque muchos pueden aplicarse a diversos propósitos. Unos veintiún salmos se refieren definidamente a la historia de Israel desde el tiempo de Moisés hasta los días de la restauración. Estas alusiones históricas pueden dividirse en tres períodos:

1) Período de la Teocracia

Compárense el éxodo, la peregrinación por el desierto, la colonización de Canaán y el tiempo de los jueces tal como se mencionan en Salmos 78:12 - 66; 105:23 - 45; 106:7 - 33; 114; 135:10,11.

2) Período del reino

Muchos de los salmos de David se relacionan con alguna crisis o experiencia personal. Durante los días de la pertinaz persecución de Saúl, cuando su vida peligraba constantemente, David compuso los Salmos 7, 11, 34, 54. Su ascensión al trono y el establecimiento del culto nacional en Jerusalén dieron origen al Salmo 24. El establecimiento en paz de su casa, después de años de guerra y peregrinaciones, fue ocasión para el Salmo 30. La vergüenza del gran pecado de David y su genuino arrepentimiento, produjeron las conmovedoras oraciones penitenciales de los Salmos 32 y 51. Las terribles consecuencias de su pecado, manifestadas en la rebelión de Absalón, lo llevaron a componer los Salmos 3, 4, 55. Sólo el Salmo 60 parece conmemorar los triunfos militares de David. El Salmo 18 y 2 Samuel 22 dan un breve resumen de las experiencias de su vida y se refieren a sus victorias sobre los enemigos de Dios.

El cántico de gloria de Salomón (Sal. 72) es una profecía mesiánica. Por lo menos un salmo se dedica al desastre sufrido por el ejército de Senaquerib. Los salmos anónimos graduales (120–134) pueden relacionarse con la señal del restablecimiento de Ezequías (Is. 38:7,8). Algunos de éstos sugieren el cautiverio babilónico (Sal. 124, 126, 129, 130).

3) Período de la provincia

La caída de Jerusalén y la profanación e incendio del templo por Nabuconodosor se describen vívidamente en Salmos 74 y 79. La triste suerte de los exiliados en Babilonia se presenta en los Salmos 80 y 137. La inmensa alegría de los que retornan del cautiverio se expresa en los Salmos 85 y 126. Con ocasión de la edificación y dedicación del segundo templo, Hageo y Zacarías sin duda prepararon los Salmos 146,147 y 150.

Sin el Salterio, la historia escrita de Israel sería imperfecta y engañosa. Los Salmos derraman sobre la oscura e inaccesible roca de la historia de Israel, la luz de la devoción religiosa y el fervor espiritual. En estos palpitantes signos de la experiencia hallamos el verdadero espíritu de las circunstancias que les dieron nacimiento.

SALMOS PROFETICOS

No hay estudio más fascinante que el de los salmos proféticos. Así como los salmos históricos enlazan el Salterio con el resto del Antiguo Testamento, los proféticos constituyen el eslabón con el Nuevo Testamento. Gran parte de la futura historia de Israel, así como el destino de las naciones gentiles, se revela en éstos.

Los salmos mesiánicos dominan las porciones proféticas del libro. Salmo 40:6-10 es una clara referencia a la venida y misión de Jesucristo. Lo prueba la cita que de él se hace en Hebreos 10:5-10. Los Salmos 41 y 109 presentan la traición contra Cristo. Originalmente David pensaba en el traidor Ahitofel en el Salmo 41; pero por la ley de la doble referencia, este pasaje también se aplica a Judas. Lo demuestra el que Cristo lo citara la noche que fue traicionado (Jn. 13:18). Que el Salmo 109 designa a Judas, lo demuestra Pedro en la elección de Matías (Hch. 1:20).

Por lo menos dos salmos predicen la crucifixión de Cristo. El Salmo 22 es una representación gráfica de la muerte por crucifixión y las circunstancias se cumplieron exactamente en el Calvario. El hecho de que la pena de muerte que los judíos aplicaban era el apedreamiento y que la crucifixión era desconocida en tiempos de David, es vigorosa prueba en cuanto a la inspiración. El Salmo 22 contiene las palabras exactas de Cristo en la cruz, pronunciadas 1.000 años más tarde. Describe minuciosamente los terribles padecimientos a que se le sometió. El

Salmo 69 da ciertos detalles que no se mencionan en el anterior. Los escritores del evangelio mencionan pasajes de ambos salmos (Mt. 27:34,35; Jn. 19:24,29).

El Salmo 16 es el gran anuncio de la Resurrección en el Antiguo Testamento. Presenta el sepulcro vacío de donde salió el Resucitado. El día de Pentecostés, Pedro (Hch. 2:25 - 32), muestra que allí se predice al Señor resucitado. Predicando en Antioquía, Pablo también llama la atención a esta profecía de la Resurrección (Hch. 13:34 - 37).

Los Salmos 89 y 132 predicen que el Mesías procederá del linaje real de David. Pedro aplicó estos pasajes a Cristo y no a Salomón (Hch. 2:30). El propio Cristo llama la atención al Salmo 118, en donde se le presenta como principal piedra del ángulo (Mt. 21:42). El significado mesiánico de este pasaje reside en el hecho de ser citado seis veces por escritores del Nuevo Testamento que lo relacionan con el rechazamiento de Cristo por parte de los judíos (Sal. 118:19 - 23).

Tres salmos pintan el reinado milenario del Señor Jesucristo. El Salmo 2 predice la rebelión de las naciones contra la ley y autoridad poco antes del advenimiento de Cristo para establecer su reino. El Salmo 72 es una gloriosa descripción del gobierno mesiánico cuando "dominará de mar a mar, y desde el río hasta los confines de la tierra". Aunque algunos pasajes pueden aplicarse a la edad de oro de Salomón, predicciones como "será su nombre para siempre", claramente señalan hacia uno mayor que Salomón. Cada versículo del Salmo 110 se refiere a la realeza sacerdotal de Cristo (v. He. 5:6,10; 6:20; 7:17).

El Salmo 8 presenta la visión más completa del Mesías. Señala las cuatro etapas de su maravillosa carrera como hombre. El pasaje, "le has hecho poco menor que los ángeles", se refiere a su nacimiento terrenal y a su vida de humillación. "Lo coronaste de honra y de gloria", describe su resurrección, ascensión y exaltación a la diestra de Dios. "Le hiciste señorear sobre las obras de tus manos", predice su reino milenario sobre la tierra. "Todo lo pusiste debajo de sus pies", señala hacia su reino eterno.

Los Salmos 22, 23 y 24 pueden tomarse en conjunto como una trilogía que enfoca el pasado, el presente y el futuro de la obra de nuestro Señor. A veces se los llama salmos de la cruz, el cayado y la corona. Representan el ministerio de Cristo como salvador, pastor y soberano.

Israel y Jerusalén son el tema de casi doce salmos, el más interesante de los cuales es el 102, "el salmo del judío errante". La dispersión de Israel comenzó con el cautiverio de las diez tribus llevadas por Asiria. Luego Judá y Benjamín fueron a parar a Babilonia, y sólo un número relativamente pequeño regresó bajo Zorobabel y Esdras. La dispersión final por Roma en el año 70 d.C. selló la sentencia contra Jerusalén y dio comienzo al largo viaje del último remanente. El salmista pinta el futuro de su pueblo errante como alguien vestido de saco de penitencia, que echa polvo y ceniza sobre su cabeza en señal de aflicción.

En la primera parte del salmo, este lamento domina todo versículo. Pero aún queda esperanza. Aunque parece haberse puesto el sol de Israel, el salmista no puede creer que sea para siempre. Tiene fe en Dios y espera una milagrosa resurrección de su pueblo. Así, al final del salmo, la esperanza triunfa sobre el amargo lamento. Cuando en el gran reloj de Dios suene la hora, nuevamente mirará con favor a Israel como nación y reconstruirá la amada ciudad de Jerusalén. Actualmente, después de todos esos años de desolación, los judíos errantes siguen mirando con gran afecto a la vieja ciudad, como lo hacía el salmista. Igualmente significativa y sorprendente, en vista del actual resurgimiento de Palestina y el regreso de los judíos, es la predicción: "Por cuanto Jehová habrá edificado a Sión, y en su gloria será visto" (102:16).

En el Salmo 9 aparece Israel redimido y restaurado. Los versículos iniciales hablan de permanente liberación de manos de sus enemigos; y los judíos han tenido muchos enemigos. Los "paganos" (traducido por "naciones"), se refiere a los pueblos que han perseguido a Israel. El período milenario vendrá "cuando los pueblos y los reyes se congreguen en uno para servir a Jehová". Eso se reafirma en los versículos 17, 20 y 21, en que el Mesías juzga y consuela a los oprimidos que confían en él y éstos le entonan alabanzas.

Muchos de los inmortales poemas del Antiguo Testamento se inspiraron en grandes crisis nacionales que conmovieron las fibras más íntimas del pueblo. Pero el marco histórico que dio origen a algunos de los salmos no se revela. El cuidadoso estudio del título y del contexto tal vez dé la clave a lo que, en muchos casos, puede haber sido una historia trágica.

El título del Salmo 3 dice: "Salmo de David, cuando huía de delante de Absalón su hijo." El estudio de 2 S. 15; 16; 17, es necesario para completar el cuadro. Pareciera que la rebelión de su hijo mayor dio ocasión a que su amigo de confianza Ahitofel, lo traicionara. La oración del rey que pedía que no prosperara el consejo de Ahitofel, fue el punto decisivo de la rebelión. Ahitofel aconsejó a Absalón que le permitiera, junto con un grupo de hombres escogidos, perseguir y matar a David antes que los seguidores del rey se rehicieran para su defensa. Por el contrario, Husai sugirió que Absalón detuviera el ataque hasta que las fuerzas de la rebelión estuvieran bien organizadas y reforzadas.

En esta hora oscura y desesperada de su vida, después de recibidas las noticias de la desastrosa traición de Ahitofel, David compuso el Salmo 55. El Salmo 3 fue escrito un poco después, cuando llegaron informes de que el ejército de Absalón había sido grandemente reforzado (3:1). Las fuerzas del rey estaban en inferioridad numérica, y hasta sus amigos confesaban que su caso era desesperado (3:2).

No obstante, David no había perdido su fe en Dios (3:3). Como Absalón no había atacado, el retraso quizá indicara que Dios ya había respondido a la oración de David por la derrota del consejo de Ahitofel. ¿Por qué no había atacado Absalón durante la noche cuando el débil ejército del rey estaba a merced suya? Tras dormir sin que lo inquietaran, el rey dedujo que Dios estaba con él. Por tanto, no habría de temer "a diez millares de gente" (3:6). Absalón quizá contaba con la multitud; pero David contaba con Dios, y con Dios un hombre es mayoría.

El Salmo 3 fue escrito de mañana (3:5); pero el Salmo 4 fue compuesto en la noche (4:8), probablemente el mismo día. Por la mañana el rey había estado angustiado por las noticias de los refuerzos de Absalón. Quizá haya tenido alivio por el hecho de que durante el día su ejército se había "ensanchado" (4:1) y la causa tenía mejor cariz. El corazón del salmista se llenó de alegría (4:7) por la oración contestada. Esto le permitió acostarse en paz y dormir con la plena seguridad de disfrutar de la protección divina. Quedaba por delante una batalla antes de sofocar la rebelión. Los Salmos 3 y 4 estudiados en relación con el relato de 2 Samuel, indican claramente que la campaña no se decidió en el campo de batalla, sino en Jerusalén donde, como respuesta a la oración de David, Absalón aceptó el consejo de Husai.

Los Salmos eran el himnario de Israel, y de él ha surgido mucha de la música de la iglesia. Pablo y Silas alababan a Dios con salmos en la prisión a medianoche. El gran apóstol misionero exhortaba a los cristianos de Efeso y Colosas a enseñar y amonestarse unos a otros con salmos (Ef. 5:19; Col. 3:16). Jerónimo, uno de los padres de la iglesia de los primeros siglos, dice que en su tiempo los Salmos se escuchaban en los campos y viñedos de Palestina. El Salmo 4 fue la explosión de gozo en Agustín cuando éste se convirtió, y el Salmo 32 fue su consolación en el lecho de muerte. Los Salmos fueron el consuelo de Crisóstomo, y con las palabras de un salmo, Bernardo de Clairvaux murió. Entonando un salmo, los mártires Juan Huss y Jerónimo de Praga entregaron el alma en medio de las llamas. Entonando el Salmo 46, Lutero entró en Worms y valientemente desafió al Papa y los cardenales.

No podemos cantar los Salmos sin que nuestros corazones se ensanchen, nuestros afectos se purifiquen y nuestros pensamientos busquen el cielo.

PREGUNTAS POSIBLES PARA REPASO

1. ¿En qué tres períodos se dividen los salmos históricos?

2. Anote los salmos proféticos y sus mensajes evidentes.

3. ¿Qué tres salmos presentan el reinado milenario de Jesucristo?

4. ¿Cómo predice el Salmo 8 cuatro etapas en la vida terrenal de Cristo?

5. ¿Cuáles tres salmos sucesivos retratan el ministerio de Cristo?

EXPLORACION ADICIONAL

1. Explique el significado de los salmos imprecatorios en las circunstancias en que se produjeron. A la luz de las enseñanzas del Nuevo Testamento. Para la actitud de los cristianos hoy día.

2. Compare los propósitos de la música en la iglesia hoy día con su empleo en el Antiguo Testamento. Le servirá de ayuda buscar en la concordancia las palabras *música, alabar, cantar, canción, cántico, cantores,* y *adorar.*

3. Vuelva a leer los salmos mesiánicos que se mencionan en el texto y anote en orden cronológico los sucesos en la vida de Cristo que en ellos aparecen. Indique cuáles de esas profecías están aún por cumplirse.

4. Busque las referencias del Nuevo Testamento relativas a los salmos proféticos tal como aparecen en las páginas 26 y 27. ¿Cómo fortalecen estas profecías cumplidas la fe en la Palabra de Dios?

CAPITULO 4

Literatura sapiencial

El contenido de Proverbios, Eclesiastés y Cantar de los Cantares fue coleccionado, si no compilado, por Salomón, el famoso rey de Israel. A los tres libros suele llamárseles literatura sapiencial del antiguo pueblo hebreo. Se ha sugerido que el Cantar de los Cantares fue compuesto durante la juventud de Salomón, los Proverbios en su madurez, y el Eclesiastés en la vejez. Los eruditos bíblicos difieren en cuanto a atribuir a Salomón todos esos escritos bíblicos.

Proverbios

Contenido: Poemas de religión práctica (1:2 - 4); Antología de Israel.

Tiempo: Colección de 300 años (1000–700 a.C.)

Autores: Salomón (1:1), Agur, Lemuel

Divisiones:
    I. Loa de la sabiduría, 1–9
    II. Proverbios de Salomón, 10:1–22:16
    III. Palabras del sabio, 22:17–24:34
    IV. Colección de Ezequías, 25–29
    V. Apéndice, 30, 31
        A. Palabras de Agur, 30
        B. Palabras de Lemuel, 31:1 - 9
        C. Poema acróstico, 31:10 - 31

Temas:
I. Obediencia a los padres, 1:8,9; 6:20,21; 13:1; 15:20; 19:26; 20:20; 23:22; 28:24; 30:17
II. Las malas compañías, 1:10-19; 4:14-19; 13:20; 24:12
III. Conducta licenciosa, 2:16-19; 5:3-20; 6:23-25; 7:6-27; 22:14; 23:27,28
IV. Falsedad, 6:17; 11:1-3; 12:13,14,17—22; 14:25; 19:5-9; 20:17; 21:6; 26; 24—28
V. La pereza, 6:6-11; 12:24; 13:4; 15:19; 19:24; 21:25; 24:30-34; 26:13-16
VI. La intemperancia, 20:1; 23:2,3,29—35; 31:4-6
VII. Contenciones, 10:12; 12:18; 13:10; 15:1-4,18; 16:27,28; 18:6-8; 21:9,19; 28:25
VIII. La mujer virtuosa, 31:10-31

Lectura selecta: Proverbios 1, 2, 4, 9, 10, 12, 15, 20, 22, 23, 25, 30, 31

Salomón compuso por lo menos 3.000 proverbios (1 R. 4:32), pero solamente una porción de ellos han sido divinamente conservados. Por sabios e instructivos que esos proverbios hayan sido, no es de sorprender que algunos de ellos se hayan omitido de la colección inspirada, pues Juan 20:30 declara que aún en el caso de "uno mayor que Salomón" muchos milagros realizados no se anotaron específicamente.

La palabra hebrea que se traduce por "proverbio" literalmente significa "semejanza" o "comparación". Originalmente su idea era la de símil, pero posteriormente se le amplió el significado. Llegó a denotar agudas sentencias que no encierran comparación directa, pero que transmiten su significado mediante una figura. Posteriormente pasó a designar las máximas sentenciosas en general, muchas de las cuales incluyen una comparación. Esta forma de instrucción se hizo popular entre los orientales. La mayoría del pueblo no conocía el arte de la escritura, y los manuscritos existentes eran pocos. Las grandes enseñanzas, expresadas en comparaciones concisas, fortalecían la educación oral de aquel tiempo. Estos tajantes dichos a menudo se aprendían de memoria, y la capacidad para repetirlos se reconocía como prueba de educación religiosa.

Lo que los Salmos son para la vida devocional, son los Proverbios para la vida práctica. Los Salmos encienden el corazón en santo y piadoso afecto hacia Dios. Los Proverbios hacen que el rostro resplandezca ante los hombres mediante una vida prudente, discreta, honrada y útil. En los Salmos se muestra el amor a Dios. En los Proverbios, el amor al prójimo. Como colección de preceptos morales para orientar a los padres, madres, hijos y siervos en las familias; a los reyes, magistrados y civiles en los estados; Proverbios contiene más sabiduría práctica que todas las filosofías de Grecia y Roma. Sobrepasa a lo que los escritores modernos han logrado producir.

La nota clave del libro es: "El temor de Jehová es el principio de la sabiduría" (9:10), dicho tan verdadero y fundamental que debiera esculpirse sobre la entrada de toda institución del saber. Debiera estar en el corazón de todo maestro. La palabra "temor" significa temor reverencial. Se menciona catorce veces en Proverbios. Este sentimiento también se halla en Job 28:28 y Salmo 111:10.

En su enseñanza, Cristo se valió de proverbios como "médico, cúrate a ti mismo", (Lc. 4:23; cp. Jn. 16:25,29), "no hay profeta sin honra sino en su propia tierra" (Mt. 13:57; cp. Mr. 6:4; Jn. 4:44).

Hay cinco divisiones naturales del libro de Proverbios. Los primeros nueve capítulos contienen diversas instrucciones e incentivos para el estudio de la verdadera sabiduría. El repetido uso de "hijo mío" sugiere la madurez del escritor y la inmadurez del grupo juvenil al cual se dirige el consejo. No hay consejo más necesario para el pueblo en toda generación.

A la segunda porción del libro (10:1—22:16) corresponde propiamente el nombre de Proverbios. No aparece el llamado, "hijo mío", ni otras expresiones personales. Cada versículo contiene un proverbio, que consiste en dos líneas. Se traza un constante contraste entre el justo y el impío, entre el bien y el mal. Hay abundancia de aplicación práctica. Al comparar la Escritura con la Escritura, la sabiduría celestial de estos tersos dichos salta a la vista.

En la tercera porción (22:17—24:34), hay instrucciones básicas. Vuelven a aparecer las conocidas palabras, "hijo mío" La familiar expresión, "dame, hijo mío, tu corazón, y miren tus ojos por mis caminos", se dirige a un hijo y no a un pecador, aunque suele aplicarse a este último.

La cuarta porción contiene los "Proverbios de Salomón", coleccionados por los varones de Ezequías (25—29). No se sabe quiénes eran estos varones, pero lo realizado por ellos indica un renacimiento de la actividad literaria acompañado por el renacimiento de la religión y la prosperidad nacional que distinguió el reinado de Ezequías. El énfasis agrícola sugiere que el propósito de la instrucción era económico más que ético. Exaltaba la vida agrícola en una época en que la población rural era atraída hacia la prosperidad y laxitud moral de las ciudades, y estaba en peligro por el "orgullo, abundancia de pan y mucha ociosidad".

La última sección contiene la oración e instrucción de Agur a Itiel y Ucal, y los oráculos que el rey Lemuel aprendió de su madre (30,31). Algunos han dicho que Agur y Lemuel son el mismo Salomón, y que Lemuel era probablemente el nombre cariñoso que le daba su madre. La porción final es una descripción de la mujer virtuosa, y difiere mucho del resto del libro (31:10-31).

Muchos proverbios se basaban en experiencias reales. Por ejemplo, Proverbios 1:7 quizá se refiera al libertinaje de los hijos de Elí; 1:10 puede que ilustre las experiencias de Adán y Balaam; 4:14, las de Lot y David; 5:22, Agag y Adoni-bezec; y 12:11 posiblemente Abimelec y Absalón.

Eclesiastés

Contenido: Poemas de la vanidad, 1:2; 12:8-12. ¿Qué es la vida?

Tiempo: Escrito alrededor de 977 a.C., 1:12

Autor: Probablemente Salomón

Divisiones:
      I. Vanidades terrenales, 1:1—6:10
     II. Sabiduría práctica, 7:1—12:14

Temas:
        I. El trabajo, 1:1-11
       II. El saber, 1:12-18
     III. El placer, 2:1-3
     IV. La riqueza, 2:4-9
      V. La vida, 2:11-26; 6:1-12
     VI. Esfuerzos humanos, 3:1-15
    VII. Justicia humana, 3:16-4:3
   VIII. Vicisitudes humanas, 4:4-16; 10:5-7
     IX. La religión formal, 5
      X. La buena fama, 7:1
     XI. La paciencia, 7:8,9
    XII. El temor de Dios, 7:18; 8:12,13; 12:13,14
   XIII. El entendimiento, 7:19-25; 9:13-18
   XIV. La obediencia, 8:1-5
    XV. Diligencia, 9:10; 10:18
   XVI. La retribución, 10:8-11

XVII. La caridad, 11:2 - 6
XVIII. Educación del niño, 12:1 - 14

Lecturas selectas: Eclesiastés 1, 2, 5, 9, 12

El marco histórico de Proverbios es el próspero estado de Israel en tiempos de Salomón. El Eclesiastés se desarrolla en torno a la poderosa y próspera vida del propio Salomón. Para comprender este libro, uno de los más difíciles de la Biblia, debe considerarse su contenido como una autobiografía parcial del escritor.

Las claves de este libro son dos expresiones, "vanidad de vanidades", que aparece treinta y cuatro veces, y "bajo el sol" que se encuentra treinta y una veces. Sería de esperar que la autobiografía de un hombre tan acaudalado y sabio como el admirable Salomón, fuera muy optimista. Pero este hombre, que disfrutó de todos los placeres y honores, de carrozas, caballos y grandes posesiones, descubrió que todo eso era "vanidad y aflicción de espíritu". Representa a todo el género humano al plantear la gran pregunta: "¿Vale la pena vivir? "

Después de apurar cuanta experiencia podían brindarle su poder, riqueza y sabiduría, Salomón "odió la vida". La obra que realizó "bajo el sol" le resultó gravosa, pues "todo era vanidad y aflicción de espíritu" (2:17). Igual que Salomón, todo el que viva bajo la luz y beneficios del sol, está condenado al desengaño. Todo el que lance la mirada más allá de la gran fuente de calor y luz, hasta su Creador y Controlador, descubrirá a aquél que en realidad satisface el hambre espiritual.

Salomón fracasó por pensar que, poseyendo tantas bendiciones del mundo, no necesitaba a Dios. Deuteronomio contiene especiales instrucciones para los futuros reyes de Israel (Dt. 17:16 - 20). Salomón no hizo caso de esas admoniciones. La vida se le convirtió en enorme desengaño por haber dado la espalda a la Palabra de Dios y al Dios de la Palabra (v. 1 R. 10:26—11:8).

Algunos han llamado a este el "discurso penitencial" de Salomón, probablemente escrito poco antes de morir. Pero, a diferencia del "salmo penitencial" de David (Sal. 51), no hay confesión de pecado, y su reflexión, "vanidad y aflicción de espíritu" es más la expresión del desengaño que un reconocimiento de haber procedido mal. Eclesiastés no es ni un reconocimiento ni un ocultamiento del pecado en el autor inspirado. Es una ilustración de la insuficiencia de todo "tesoro terrenal" para inducir a los hombres a "hacerse tesoros en el cielo" y "buscar las cosas de arriba", "donde está Cristo sentado a la diestra de Dios".

Todo cristiano necesita meditar en la admonición final: "El fin de todo el discurso oído es este: Teme a Dios, y guarda sus mandamientos", y "Acuérdate de tu Creador en los días de tu juventud" (Ec. 12:1,13).

Cantar de los Cantares

Contenido: La fidelidad expresada en forma de canción (v. Ef. 5:25 - 27)

Tiempo: Escrito alrededor de 1001 a.C.

Autor: Salomón (1:1; 1 R. 4:32)

Bosquejo:
    I. Reunión de los amantes, 1:1—2:7
   II. Canto de la Sulamita, 2:8—3:5
  III. Esponsales reales, 3:6—5:1
  IV. El amor perdido y hallado, 5:2—6:9
   V. Cántico de Salomón, 6:10—8:4
  VI. La vida unida, 8:5 - 14

Lectura selecta: Cantar de los Cantares

El título del libro indica que se trata de un cántico incomparable entre los 1.005 compuestos por Salomón (1 R. 4:32).

En este libro no aparece la palabra "Dios". Esta particularidad, y el hecho de que el Cantar de los Cantares no se cite en el Nuevo Testamento, han hecho que algunos duden de su derecho de estar incluido en el canon de la Escritura inspirada. A despecho de esto, siempre ha formado parte del canon del Antiguo Testamento. Cristo y sus discípulos lo reconocieron como tal, y la concordancia de su material y lenguaje con otros pasajes de la Escritura prueban con suficiencia su inspiración por Dios (Sal. 45; Is. 54:5; 62:4,5; Os. 2:19,20; Mt. 25:1 - 10).

Dos personajes hablan y actúan en todo el libro: *Selomó* nombre masculino, y *Sulamita*, forma femenina del mismo nombre. Hay también un coro de vírgenes hijas de Jerusalén (2:7; 3:5; 5:8,9). Hacia el final, aparecen dos hermanos de la sulamita (8:8,9). Como en la mayor parte de la poesía hebrea, no hay divisiones que indiquen cambio de escena o de personaje. Estos deben determinarse en parte por el sentido, y principalmente por el empleo del femenino y el masculino en el original.

Este "canto de amor" fue escrito en una época cuando la poligamia era casi universal. Algunos eruditos bíblicos dicen que es una protesta contra la poligamia y que es la historia de una sencilla muchacha campesina, una sulamita, de los viñedos de la región del norte, arrebatada de su hogar y de su esposo para ser una de las numerosas esposas del rey Salomón en Jerusalén. Aunque se le brindan toda clase de atractivos, ella rechaza todos los esfuerzos de Salomón por apartar su amor de aquél a quien había jurado fidelidad, a quien entona alabanzas cuando está despierta, y con quien sueña de noche.

H. A. Ironside en su libro, *Addresses on the Song of Salomón*, sugiere que la expresión, "mi viña, que era mía, no guardé", bien puede ser la clave para interpretar el libro.

Según el señor Ironside el personaje principal de este canto vivía en la región del norte, en el distrito montañoso de Efraín. Ella pertenecía a una familia efraimita que tenía a su cargo uno de los viñedos de Salomón (8:11). Al parecer, su padre había muerto, pero estaban la madre y por lo menos dos hermanos (1:6), y una hermana, simple niña (8:8). La hija mayor, la sulamita, parece haber sido el sostén de la familia. Sus hermanos no la querían y le señalaban tareas difíciles (1:6). Trabajaba mucho por los demás, y tenía poco tiempo para sí misma, por lo cual confiesa: "Me pusieron a guardar las viñas; y mi viña, que era mía, no guardé". Pocas oportunidades tenía de cuidar su atractivo personal, por lo cual dice: "No reparéis en que soy morena, porque el sol me miró" (1:6).

Cierto día, mientras cuidaba su rebaño, alzó la vista, y muy turbada, vio ante sí a un pastor desconocido, alto y hermoso que pareció sentirse atraído hacia ella, por su ruda suerte y su desgarbado aspecto. La modesta confesión que ella le hizo contribuyó mucho a establecer la amistad que llegó a convertirse en afecto y luego en amor (1:5,6). Al irse, él le dijo: "Algún día volveré por tí, y te haré mi esposa". Ella le creyó, pero quizá fue la única. Los hermanos no le creyeron. Los montañeses pensaban que la pobre y sencilla muchacha había sido engañada por el forastero. El estuvo ausente mucho tiempo. A veces ella soñaba con él y exclamaba: "Oigo la voz de mi amado", para descubrir que no había en torno más que silencio y obscuridad; pero seguía confiando. Un día él regresó a la cabeza de una gloriosa comitiva a pedirla por esposa.

El señor Ironside señala que esta interpretación calza mejor con la historia del pastor, que podemos hallar desde Génesis hasta Apocalipsis, y nos habla de aquél que descendió de la más excelsa gloria celestial a este obscuro mundo en busca de esposa. Al irse él dijo: "Vendré otra vez, y os tomaré a mí mismo" (Jn.

14:6). Su iglesia lo ha esperado largo tiempo, y algún día él regresará a cumplir su Palabra.

En todas las épocas, tanto judíos como cristianos han sostenido que este libro, que es más que un canto de amor, tiene un sentido espiritual. Pueden haber diferido en los detalles de su aplicación, pero concuerdan en que predice la relación de Jehová con Israel, o de Cristo con su iglesia. Gran parte de los malentendidos sobre este libro son fruto de la mala traducción y acomodo del material del texto. Este problema puede vencerse mediante el empleo de comentarios evangélicos aceptados y mediante la cuidadosa comparación de diversas traducciones y versiones de la Biblia.

PREGUNTAS POSIBLES PARA REPASO

1. Compare los libros de Salmos y Proverbios.
2. Diga las principales divisiones de Proverbios.
3. Anote ocho temas que se traten en Proverbios.
4. ¿Cuál es la nota clave de los Proverbios?
5. Presente y explique las dos expresiones claves del libro de Eclesiastés.
6. ¿Por qué está Salomón en aptitud especial para contestar a la gran pregunta: "¿Vale la pena vivir la vida? ."
7. ¿En qué se diferencia el "discurso penitencial" de Salomón del "salmo penitencial" de David?
8. ¿Qué enseñan Deuteronomio 17:16-20 y 1 Reyes 10:26-11:8 respecto a los fracasos de Salomón?
9. ¿Qué relaciones se cree que están predichas en el Cantar de los Cantares?

EXPLORACION ADICIONAL

1. Cada día durante la semana entrante, seleccione varias máximas prácticas de un capítulo del libro de los Proverbios. Al final del día, evalúe hasta dónde las ha puesto en práctica.
2. Discuta hasta dónde puede sustituirse la palabra *sabiduría* por el nombre de *Cristo* en Proverbios 4 y 8.
3. Mediante una Biblia con referencias, o una concordancia, compare el énfasis de las enseñanzas de David con el de las ense-

ñanzas de su hijo Salomón (v. Salmos, Proverbios). Según lo observado en este estudio, sugiera enseñanzas espirituales que los padres cristianos deben transmitir a sus hijos.

4. ¿Cuál era la tesis de Salomón respecto a los problemas de la vida? ¿Cómo se compara o contrasta esto con el punto de vista cristiano?

5. ¿Cómo parece haber sido contestada en estos tres libros la oración de Salomón en que pidió sabiduría? ¿Qué principios observados en la oración de Salomón y en sus resultados finales pueden aplicarse en la vida del cristiano?

NOTAS DE ESTUDIOS

NOTAS DE ESTUDIOS

CAPITULO 5

Introducción a los libros proféticos

Profecía es una palabra que suele emplearse para designar toda revelación divina (2 P. 1:20,21), que se comunicaba por el Espíritu de Dios mediante visiones, voces o sueños, primero a los profetas, y luego por éstos a los hombres en general. Dios habló directamente a su pueblo desde la cumbre del Sinaí, pero esta demostración de su majestad fue tan aterradora que Israel rogó a Dios que hablara únicamente por medio de Moisés (Dt. 5:27,28). Después de esto, Dios se reveló por medio de sus varones escogidos a quienes ordenaba dar su mensaje al pueblo. Estos varones de Dios disfrutaban de mucha autoridad entre el pueblo y eran muy estimados por los gobernantes religiosamente piadosos. La mayoría de los profetas vivían con sencillez y en la pobreza, generalmente en sitios apartados.

La ley penaba con la muerte a los falsos profetas que asumían el papel de mensajeros enviados por Dios. A los falsos profetas se les reconocía ya fuera por sus intentos de introducir el culto idólatra (Dt. 13:1 - 11), o por predicciones suyas que no se cumplían (18:20 - 22). A despecho de la severidad del castigo, solían aparecer mensajeros carentes de autoridad. No menos de 400 se presentaron para contradecir el divino consejo de Micaías (1 R. 22:6). Jeremías hubo de enfrentarse a las populares predicciones de Hananías y Semaías, a quienes se tenía por patriotas, mientras que al profeta se le consideraba traidor. No obstante, Dios vindicaba a sus profetas cumpliendo sus predicciones, y a los falsos profetas los llevaba a un fin ignominioso (Jer. 28:15 - 17; 29:30 - 32).

ESCUELAS DE LOS PROFETAS

Samuel fue el primero que instituyó una escuela para preparar profetas durante el tiempo que permaneció en Ramá (1 S. 19:19,20). Otras escuelas se establecieron posteriormente en

Bet-el (2 R. 2:3), Jericó (2 R. 2:5), Gilgal (2 R. 4:38), y en otros lugares (2 R. 6:1).

Estas escuelas reunían estudiantes dedicados y prometedores y los preparaban para su ministerio. Tan grande fue el éxito de estas instituciones que, desde los días de Samuel hasta Malaquías, jamás faltaron profetas oficiales. El número de alumnos variaba de año en año (1 R. 18:4; 2 R. 2:16). Un profeta anciano o director los presidía (1 S. 19:20); se le llamaba padre (1 S. 10:12), o señor (2 R. 2:3). El plan de estudios consistía principalmente en la ley y su interpretación. Esa enseñanza oral, a diferencia de la simbólica, dejó de ser responsabilidad de la orden sacerdotal y de allí en adelante se la encomendó a la orden profética.

¿Por qué el sacerdocio, que fue ordenado para este propósito bajo el período mosaico, renunció al ministerio de la enseñanza? El orden profético dejó de existir en tiempos del Nuevo Testamento, evidentemente porque había sido una institución temporal, creada cuando fallaron los medios nacionales normales de instrucción. Samuel instituyó la escuela de los profetas poco después que se corrompió el oficio sacerdotal mediante el sacrilegio de los hijos de Elí (1 S. 3:13). El rey Josafat revivió el ministerio docente, y a él dedicó algunos sacerdotes. Esto podría indicar que la clase destinada a ello no había cumplido la tarea que se le había asignado. El ministerio de los profetas no fue un substituto sino un suplemento de una institución que había dejado de funcionar.

No todos los alumnos que se inscribían en estas escuelas de los profetas poseían el don profético, y no todos los profetas inspirados provinieron de estas instituciones. Amós fue una notable excepción. Aunque fue llamado al *oficio profético*, no pertenecía al *orden profético*. No se había educado en las escuelas proféticas de aquel tiempo.

Hay que distinguir entre los primeros profetas y los posteriores. Aquéllos predicaban; éstos predecían. Con esto no se sugiere que el elemento de predicción en la Biblia esté circunscrito a los libros proféticos. Hay predicción en casi todos los libros de la Biblia, pero no es sino hasta las porciones finales del Antiguo y del Nuevo Testamento que las Escrituras se dedican casi exclusivamente a este propósito. Y no todas las palabras de estos profetas de los últimos días se refieren al futuro. El profeta era el portavoz de Dios, enviado a proclamar un mensaje divino, el cual podía contener o no predicciones. A los últimos profetas se les ordenó consignar por escrito sus mensajes (Jer.

36:2), y esto es el mejor argumento en favor de su referencia al futuro.

LA PROFECIA, CONFIRMACION DE LA AUTORIDAD DIVINA

"La palabra profética más segura" (2 P. 1:19), aquella que se ha cumplido y se está cumpliendo, es una prueba de que la Biblia es la Palabra de Dios. Ningún otro libro se ha atrevido a revelar por anticipado la historia. El hecho de que sucesos que han ocurrido y están ocurriendo entre las naciones, habían sido preescritos en la Biblia, es una de las mejores pruebas de que ella fue inspirada y compuesta por nuestro omnisciente Dios. La prueba profética es más convincente y duradera que la de los milagros. El milagro puede haberse realizado para la conversión inmediata de quienes lo presenciaron y experimentaron. El valor de la profecía, en cambio, por lo común crece con el paso de los años. El tiempo lo desgasta y destruye casi todo, pero realza el valor y significación de la profecía.

Las profecías y los milagros, apoyados cada uno en su propia evidencia, son pruebas magnas y directas del carácter sobrenatural de la Biblia. No obstante, hay que evaluarlas dentro del marco del carácter general de toda la situación a la cual pertenecen. Los milagros de la Biblia, sus profecías, su moral, su propagación y su adaptación a las necesidades humanas, son importantes pruebas en pro del cristianismo. Ninguna de ellas puede comprenderse claramente tomada por separado. Su maravillosa cooperación y unidad constituyen la más vigorosa prueba. Las predicciones se proclamaron para que fueran pruebas sobre las cuales pudiera apoyarse razonablemente la fe, según lo declaró específicamente nuestro Señor: "Y ahora os lo he dicho antes que suceda, para que cuando suceda, creáis" (Juan 14:29).

La profecía cumplida es una de las mejores pruebas de que la Biblia es la Palabra de Dios. Esas predicciones de los profetas, tan contrarias a toda probabilidad, constituyen también una de las mejores pruebas de la inspiración verbal de sus palabras. Los profetas carecían de pleno conocimiento respecto a todo aquello de que hablaban y escribían. Esto se declara francamente. Daniel dice, "Y yo oí, mas no entendí" (Dn. 12:8). Zacarías expresa su ignorancia de modo semejante (Zac. 4:5). Pedro, refiriéndose a los profetas del Nuevo Testamento, da estos instructivos datos:

"Los profetas que profetizaron de la gracia destinada a vosotros, inquirieron y diligentemente indagaron acerca de esta salvación, escudriñando qué persona y qué tiempo indicaba el Espíritu de Cristo que estaba en ellos, el cual anunciaba de antemano los sufrimientos de Cristo, y las glorias que vendrían tras ellos. A éstos se les reveló que no para sí mismos, sino para nosotros, administraban las cosas que ahora os son anunciadas por los que os han predicado el evangelio por el Espíritu Santo enviado del cielo" (1 P. 1:10 - 12).

Hay varios hechos fundamentales que se expresan en este notable pasaje. Mediante el profeta, el Espíritu Santo testificó respecto a la salvación que sería traída a los hombres por medio de la crucifixión y coronación de Jesucristo. Luego de expresar estas predicciones, los profetas se dedicaron a investigar el pleno significado de sus palabras.

MARCO HISTORICO

En lo histórico, los libros de los profetas abarcan el mismo período que los libros de Reyes y de Crónicas, pero el enfoque es totalmente diferente. En la narración de los Reyes, el movimiento de la nación se observa con apenas algún vistazo ocasional de lo que Dios hacía y decía. Pero en el relato profético, se dan las palabras de Dios con sólo una que otra referencia a la crónica del pueblo. Aunque algunos de los anales de Israel se duplican como en Isaías 36—39, también se dan datos suplementarios, como en Jeremías 40—44.

Para comprender y apreciar a los profetas, el alumno ha de poseer conocimiento práctico del marco histórico en los libros de Reyes y Crónicas. Por ejemplo, el primer versículo de Isaías da el nombre de cuatro reyes que reinaban mientras Isaías profetizaba. Al acudir a la historia de esos reinos en los libros de Reyes, el alumno se entera de los males que Isaías tuvo que combatir.

Los profetas no consignaron por escrito sus profecías hasta el siglo IX antes de Cristo. Se hacía evidente que los reinos de Israel y de Judá se hundirían cada vez más, y estas profecías eran necesarias para recordar a un remanente fiel respecto a un Mesías venidero y a un futuro período de restauración y bendición. A veces los profetas hablaban de cuestiones relativas a su propio tiempo. En otras ocasiones predecían sucesos de un lejano futuro. Por lo menos siete períodos de tiempo están incluidos en sus predicciones:

1. Período en que vivía el profeta.

2. Tiempo del cautiverio de Israel.

3. Tiempo de la destrucción de los enemigos de Israel.

4. Primera restauración de los judíos.

5. Primer advenimiento de Cristo.

6. Restauración final de Israel.

7. Segundo advenimiento de Cristo.

Algunas predicciones tuvieron un pronto o parcial cumplimiento, en espera de su cumplimiento total en el más remoto futuro. Esto se conoce como *ley de la doble referencia*. Dos pasajes de Isaías ilustran esta ley. Isaías habla de una restauración de Jerusalén (Is. 44:28). El estudio de Esdras y Nehemías muestra que esto fue sólo parcial y temporal. En otro pasaje (Is. 11:11), el profeta declara que "Jehová alzará *otra vez* su mano para recobrar el remanente de su pueblo", y pone la esperanza en el remoto futuro respecto a una plena y permanente restauración de Israel.

Obsérvese que si bien los profetas hablaron respecto al Mesías padeciente (Is. 53), también tuvieron la visión del Mesías reinante (Is. 2). Los profetas mismos se vieron perplejos ante esta revelación de la dualidad de las experiencias de Cristo (1 P. 1:8–12), misterio que quedó explicado sólo después de la crucifixión y resurrección de Cristo. No se reveló a los profetas que habría dos advenimientos de Cristo separados por un largo intervalo. A ellos les parecía que los sufrimientos y reinado del Ungido ocurrirían a un tiempo. El tiempo ha revelado que Cristo habría de redimir primero mediante el sufrimiento, y más adelante retornaría para reinar en gloria.

Los profetas pueden agruparse *geográficamente*. Esto no significa que su ministerio habría de limitarse a un campo determinado. Algunos de los profetas, como Isaías, incluyeron en sus mensajes a la nación hebrea y a los gentiles, pero su principal preocupación parece haber sido el pueblo en regiones determinadas, según se ve del cuadro siguiente:

Israel	Judá	Gentiles
Oseas	Isaías	Jonás
Amós	Jeremías	Nahum
Miqueas	Joel	Habacuc
	Sofonías	Abdías
	Ezequiel	
	Daniel	
	Hageo	
	Zacarías	
	Malaquías	

46

Los profetas pueden también clasificarse *cronológicamente* en cuatro períodos. La declinación y caída del Reino del Norte ocurrieron durante la supremacía asiria. Luego que Israel fue llevado al cautiverio, los profetas centraron su atención en Judá. Mientras tanto, el reino asirio fue superado por la monarquía babilónica. Este intervalo se reconoce generalmente como período caldeo. Cuando Judá fue llevado a Babilonia, los profetas exiliados siguieron profetizando. Después que el remanente fue devuelto a Jerusalén, se inició el cuarto período de la profecía.

Asirio	Caldeo	Exilio	Post-exilio
Jonás	Jeremías	Ezequiel	Hageo
Oseas	Nahum	Abdías	Zacarías
Joel	Sofonías	Daniel	Malaquías
Amós	Habacuc		
Miqueas			
Isaías			

PREGUNTAS POSIBLES PARA REPASO

1. ¿Qué circunstancia hizo prominentes a los profetas?

2. ¿Cómo se reconocía y se castigaba a los falsos profetas?

3. ¿Por qué asumieron los profetas el ministerio de la enseñanza?

4. Compare la profecía y los milagros como pruebas en pro de la Palabra de Dios.

5. ¿En qué sentido el cumplimiento de profecías muy improbables constituye prueba de la inspiración verbal de la Biblia?

6. Explique la diferencia entre los escritos narrativos (Reyes y Crónicas) y los proféticos relativos al período del reino.

7. Bosqueje los siete períodos de tiempo que los profetas quizá hayan tenido presentes en sus predicciones.

8. Explique la ley de la doble referencia.

9. ¿Qué misterio dejaba perplejos a los profetas (1 P. 1:8 - 12)?

10. Agrupe geográficamente a los profetas.

EXPLORACION ADICIONAL

1. Repase en *Ley e historia del Antiguo Testamento** el marco histórico de Israel y Judá durante los días de los profetas.

2. Lea uno de los libros de consulta anotados en la bibliografía, para formar un bosquejo ampliado de la vida de dos profetas por lo menos.

3. Para el estudio de los profetas en un solo vistazo, prepare un cuadro semejante al que se indica a continuación, y llénelo conforme estudie cada profeta.

Profeta	Cuándo	A quién	Mensaje·	Respuesta	Profecía mesiánica	Importancia para el siglo XX	
						Para el creyente	Para el mundo

* *Ley e Historia del Antiguo Testamento*, Curso para Maestros Cristianos, Apartado 1307, San José, Costa Rica, C. A.

CAPITULO 6

Isaías

Príncipe de Profetas

Contenido: La gran profecía mesiánica

Nación: Judá

Tiempo que abarca: 64 años (758–694 a.C.) (1:1)

Autor: Isaías (1:1; 6)

Divisiones:
- I. Libro de juicios, 1–35
- II. Libro de historia, 36–39
- III. Libro de consolación, 40–66

Bosquejo:
- I. Judá e Israel, 1–5
- II. Llamamiento del profeta, 6
- III. Judá y Asiria, 7–9
- IV. Juicio sobre Asiria, 10–12
- V. Juicio de las naciones, 13–27
- VI. Judá y Egipto, 28–35
- VII. Jerusalén liberada, 36, 37
- VIII. Se prolonga la vida de Ezequías, 38
- IX. Se predice el cautiverio babilónico, 39
- X. Restauración por Ciro, 40–48
  - A. Grandeza de Dios, 40
  - B. Presciencia de Dios, 41, 42
  - C. Liberación divina, 43–45
  - D. Juicios de Dios, 46–48

VIDA DEL PROFETA

Isaías fue el más grande profeta hebreo. Ningún otro escribió con tanta claridad respecto al Mesías venidero. Por ello se llama a veces a su libro "el quinto Evangelio". Profetizó durante los reinados de Uzías, Jotam, Acaz y Ezequías (Is. 1:1) y fue contemporáneo de Oseas, Nahum y Miqueas. No se sabe mucho de sus antepasados, pero según parece nació en Jerusalén, en donde residió durante su importantísimo ministerio público. Como profeta y estadista, habló y actuó en relación con los negocios públicos. A su esposa se la llama "profetisa" (8:3). Tuvieron dos hijos cuyos nombres ilustran y refuerzan sus predicciones (7:3; 8:3,4).

Isaías fue testigo del rápido desarrollo comercial y militar de su nación. Bajo el largo reinado de Uzías, Judá alcanzó un grado de prosperidad y poder inigualado desde los tiempos de Salomón. Un gran ejército y sólidas fortificaciones le dieron el triunfo en la guerra. Un puerto comercial en el Mar Rojo y la ampliación del comercio interno incrementaron mucho la riqueza de la nación. Esta prosperidad acarreó la inevitable avaricia, opresión y corrupción en los negocios y la política. Los agricultores ricos aprovechaban su poder para explotar al pueblo. El culto divino se volvió simple formalismo e hipócrita simulación (29:13). Siglos después, nuestro Señor se refirió a este hecho (Mateo 15:7-9).

Siendo aún joven, Isaías tuvo una visión maravillosa (Is. 6:1). La pureza y santidad de Dios se destacaron en tajante contraste con la simulación y santurronería que rodeaban al profeta (6:5). Igual que Juan en Patmos (Ap. 1:17), Isaías quedó anonadado por la sensación de su propia pecaminosidad y la de la nación. Tras su confesión de pecado vinieron su purificación y consagración para la tarea que Dios le tenía encomendada (6:6,7). Por adelantado sabía él que habría poca reacción a su prédica o a la de todos los demás profetas que Dios enviara a reprender al pueblo (6:11—13). El reino se debilitaría cada vez más hasta su caída definitiva. Sólo unos pocos escaparían, pero por amor a este remanente, Dios mostraría misericordia, y por medio de ellos traería las bendiciones del Mesías.

Isaías vivió en tiempos que requerían hombres de gran valentía. El Reino del Norte, saturado de idolatría, se acercaba velozmente a su destrucción definitiva. Los despertamientos religiosos bajo Ezequías y Josías, atribuibles a Isaías y Jeremías, prorrogaron la vida del Reino del Sur 130 años más, difiriendo así un destino similar.

Isaías fue no sólo el más grande de los profetas que escribieron, sino también poeta, estadista y orador. Era audaz, intrépido, sincero. No temía presentarse ante un rey malvado y proclamar la verdad más desagradable. No cortejaba el favor del público, sino que implacablemente denunciaba los pecados de reyes, sacerdotes y el pueblo todo. Era severo e inflexible, pero demostraba ternura. Proclamaba el consuelo a la par del juicio, y claramente distinguía entre el amor de Dios hacia el pecador y su aborrecimiento del pecado.

No todos sus escritos se han conservado. Se dice claramente que compuso los anales completos del reinado de Uzías (2 Cr. 26:22), así como de los acontecimientos sobresalientes del más notable y digno gobierno de Ezequías (2 Cr. 32:32). Esto da a entender que vivía después de muerto el justo rey, y que cayó en manos de Manasés, su cruel y malvado sucesor. La tradición judía afirma que Isaías padeció el martirio y espantosa muerte. Si Isaías vivió después de muerto Ezequías, debe de haber alcanzado noventa años de edad y ejercido la función profética por lo menos sesenta años.

SUS PROFECIAS

Las profecías de Isaías son eminentemente sublimes y magníficas por su estilo y expresión simbólica. Se citan en el Nuevo Testamento con mayor frecuencia que cualquier otro libro del Antiguo Testamento, a excepción de los Salmos. Las citas proceden de cuarenta y siete de los sesenta y seis capítulos.

Las acciones simbólicas, frecuentes en Jeremías y Ezequías, son raras en Isaías. Igual sucede con las visiones, de las cuales hay sólo una (6). No obstante, Isaías se vale a menudo de señales para establecer la verdad de sus predicciones. Isaías se destaca entre los escritores del Antiguo Testamento en cuanto a clara delineación profética respecto a la persona, carácter y obra del Mesías. Es el "profeta evangélico". Su forma directa de presentar los sufrimientos y el reino del Mesías dan inmenso valor a sus profecías como pruebas firmes de que el Señor Jesús era aquél de quien hablaron los profetas.

Alianza de Judá con Asiria

En la primera parte de sus predicciones Isaías presenta la impía alianza de Judá con Asiria. Cuando Isaías comenzó a profetizar "en el año que murió el rey Uzías" (6:1), ya el Reino del Norte se había convertido en tributario de Asiria. Peka, su ambicioso e inescrupuloso gobernante, concibió el plan de librarse del yugo asirio aliándose primero con Rezin, rey de Damasco, saqueando después a Judá y finalmente enfrentándose a Asiria.

Dio el primer paso e intentó el segundo. Peka y Rezin atacaron a Jerusalén con un ejército combinado. Aterrorizado, Acaz, rey de Judá, se alió con Asiria. Isaías fue enviado a tranquilizarlo y advertirle en contra de alianzas foráneas. Aconsejó a Acaz que confiara únicamente en Dios. Predijo que Asiria destruiría a Siria e Israel, y castigaría a Judá (7—12). Aun en estos severos juicios, el profeta expresó la misericordia de Dios y predijo la futura gloria del pueblo de Dios en el reino del Rey mesiánico (9:2-7).

La mayoría de las primeras profecías de Isaías se cumplieron pronto, confirmando así la fe del pueblo en las predicciones más remotas que caracterizan la última parte del libro. Siria e Israel serían subyugadas por Asiria antes que el recién nacido hijo del profeta pudiera decir "padre mío" (8:4), e Israel iría cautivo después de sesenta y cinco años (7:8). Como señal para confirmar este anuncio, Dios reveló el nacimiento virginal de Emanuel. Para Acaz, esta señal significaba que, dentro del breve período de la infancia de un niño, los enemigos de Judá serían derrotados (7:14-16), pero este célebre pasaje también predice el nacimiento de Cristo.

Juicio de las naciones

Acaz menospreció el consejo y la advertencia de Isaías respecto a la alianza con Asiria. Luego el profeta proclamó una serie de profecías sobre la caída de las naciones, en las cuales, en su desesperación, Israel y Judá ponían su esperanza. Estas incluían a Babilonia (13, 14), Filistea (14:28-32), Moab (15,

16), Siria (17), Egipto y Etiopía (18, 19, 20), Edom y Arabia (21) y Tiro (23).

Quizá se pregunte: "¿Por qué estas profecías sobre los gentiles se escribieron y no se proclamaron ante los pueblos interesados? ¿Por qué fueron conservadas cuando estas naciones habían dejado de existir desde hacía mucho?" Estas profecías y su cumplimiento fueron divinamente registradas para que en estos postreros días los hombres pudieran confirmar su fe, y para revelar el propósito divino de volver los judíos a Palestina y llevarlos a una correcta relación con los pueblos de su inmediata vecindad (19:23 - 25).

La profecía respecto a la caída de Babilonia y su rey contiene un lenguaje insólitamente vívido. La "Divina Comedia" de Dante y el "Fausto" de Goethe captaron la excelsitud de sus imágenes y en ella se inspiraron y la copiaron. La fecha de esta profecía se fijó definitivamente en el tiempo en que Babilonia acababa de entrar en su época de mayor esplendor. De modo que el anuncio de que sería derribada por los medos era increíble, a menos que el mensaje de Isaías fuera sobrenatural (Is. 13:17).

Desde hace años se ha puesto especial interés en la descripción de Lucifer en el capítulo 14. Algunos la consideran como una descripción del futuro anticristo. Otros la relacionan con Ezequiel 28 y creen que ambos pasajes presentan un vistazo de los días prehistóricos en que Satanás, el instigador del rey de Babilonia, suscitó una rebelión de los ángeles contra Dios.

Tras revelar el inminente castigo que aguardaba a los países que rodean a Palestina, el profeta presentó un cuadro del juicio que incluye a todas las naciones (24). Concluyó su denuncia contra los enemigos de Israel mediante la predicción del triunfo y bendiciones definitivos del pueblo de Dios. Los discursos contra las naciones vienen juntos (13—24). Las promesas para Judá se hallan al final, como conclusión de un oratorio musical (24:21 - 23). Tras el juicio del mundo gentil, aparece Judá redimido de su iniquidad, librado de sus tribulaciones y vuelto a su patria (25—27).

Alianza de Judá con Egipto

Los capítulos 28—35 tratan especialmente de la inútil alianza de Judá con Egipto. La caída de Samaria y el cautiverio de Israel ocurrieron seis años después de muerto Acaz (2 R. 18:10). Luego Asiria, como cumplimiento de la profecía, exigió tributos de Judá. El rey Ezequías accedió humildemente, y llegó hasta a arrancar el oro de las puertas del templo para completar el tributo. Al mismo tiempo, negoció una alianza protectora con Egipto que Isaías tildó de "pacto con la muerte" (28), "pesadilla de embriaguez" (29), "vergüenza" (30), "vana lucha contra Dios" (31), y "golpe fatal contra Jerusalén" (32). Vana fue la ayuda de Egipto y es señal del fin de la época en que Jerusalén sitiada por las naciones gentiles, acudiría vanamente al mundo en busca de ayuda. En estos pasajes, como en los que les preceden, se presentan las bendiciones milenarias; se ve a los fieles morando en seguridad; y el Rey reina en su belleza.

Conquista babilónica

La sección histórica de Isaías, ubicada entre las profecías de juicio y las de consolación, es en gran parte repetida en 2 Reyes (v. Is. 36—39; 2 R. 18—20). El propósito de esta duplicación era recordar al pueblo de Dios que cuando se arrepintieran de sus pecados y de todo corazón se volvieran al Señor, él intervendría para protegerlos y conservarlos. Predice también que, a su tiempo, Babilonia y no Asiria conquistaría a Judá.

Cuando el victorioso Senaquerib abrumó a Israel, parecía que nada le impediría tomar Jerusalén. Pero el blasfemo discurso de Rabsaces (36), la suplicante oración de Ezequías, la promesa de liberación por Isaías, y el aniquilamiento del ejército asirio (37), ocurrieron en rápida sucesión. Ellos prueban la intervención y fidelidad de Dios.

Tan pronto como los asirios fueron expulsados para siempre de tierra de Judá, la enfermedad de Ezequías (39) lo puso en relación con los futuros conquistadores de Jerusalén. Ezequías cometió un error fatal al mostrar sus tesoros a los mensajeros de Babilonia. Los codiciosos visitantes no olvidaron la riqueza de Jerusalén ni los preciosos ornamentos del templo. Tal como lo predijo el profeta (39:6,7), los ejércitos de Caldea volvieron después y se llevaron a Babilonia todos esos tesoros, junto con las más prominentes familias de la ciudad.

Restauración por Ciro

La nota característica de la primera parte del libro de Isaías es el *juicio*; la nota dominante de la segunda es la *consolación*. Al recibir su comisión (6:9,10) el profeta fue enterado de que el pueblo haría caso omiso de su llamado al arrepentimiento, y que una serie de juicios le sobrevendrían "hasta que las ciudades estén asoladas y sin morador, y no haya hombre en las casas, y la tierra esté hecha un desierto" (6:11). Pero, junto con estas proclamas de juicio sobre la mayoría del pueblo, Isaías expresó consuelo y aliento especialmente al remanente fiel, en relación con el prometido reino mesiánico (6:13), (capítulos 40—66).

La segunda división del libro es un continuo discurso profético. Trata primero de la liberación del cautiverio babilónico; luego, de la revelación del Mesías; y por último, de la gloria del reino milenario.

El tema principal de todo el libro es *las liberaciones efectuadas por Dios*. El profeta habla primero de la liberación de manos de Siria y de Israel en días de Acaz (7), y el rescate de manos de un poder más formidable, Asiria, preanunciado a Acaz (8), y declarado plenamente a Ezequías (37). Pero la mayor liberación fue del dominio babilónico (39, 40—48).

La parte inicial de la segunda sección de Isaías es una de las más sublimes descripciones de la grandeza de Dios (40). Rabsaces hubo de reconocer que los dioses de las demás naciones no tenían poder para liberarlas de manos de Asiria (36:18 - 20; 37:11 - 13). Pero se pasó de la raya cuando desafió al Dios de Judá a que demostrara su poder para salvar a su pueblo. La confesión de fe de Ezequías reconoció que los dioses de las naciones caídas eran ídolos, y proclamó que el Dios de Israel era mayor que todos los dioses de Asiria (37:17 - 20).

De modo semejante, Isaías comparó a los dioses de la al parecer invencible Babilonia, con el Dios de la conquistada y deshecha Judá (40:18—28). Pero no demuestra tanto su omnipotencia como su omnisciencia, pues el profeta desafía a los dioses de Babilonia a demostrar su divinidad prediciendo lo por venir (41:21-24).

Tras este desafío, el profeta mostró sus credenciales como embajador divino mediante una de las más notables predicciones de la Biblia. Dios iba a liberar a Judá del cautiverio asirio por mano de un gran rey persa que se levantaría "del norte" para conquistar a Babilonia (41:25). El nombre de este gran libertador, Ciro, se proclamó 150 años antes que naciera, y el profeta vio vívidamente el cuadro de sus conquistas (44:28; 45:1 - 4) como si tuviera el hecho ante los ojos. Ciro habría de ser el instrumento de Dios para liberar a Judá, así como Nabuconodosor fue el instrumento (Jer. 25:9) para infligirles el juicio predicho. La caída de Babilonia sería el fin del exilio, porque Ciro les devolvería la libertad y les permitiría regresar a su patria. Isaías les aseguró que no tenían ningún mal que temer, pues nada podría impedir su liberación.

De Ciro está escrito que será "el ungido", "mi pastor", al cual Dios "tomó por su mano derecha", "el cual cumplirá todo lo que el Señor quiere". En este sentido, él es símbolo del más grande Ungido, el Redentor de Israel, cuya venida aparejará una mayor y permanente restauración de Judá.

Cristo en Isaías

El anuncio de Ciro como libertador de Judá preparó el camino para que Isaías presentara el sin par cuadro del futuro redentor de judíos y gentiles (49–59). No era la primera vez que Isaías anunciaba al Mesías. Desde el comienzo, sus proclamas incluían alguna revelación mesiánica, y la majestuosa figura del Rey se destaca cada vez más claramente en capítulos subsiguientes. En la segunda división del libro ocupa el centro del escenario como "siervo padeciente" de Jehová y como glorioso Rey de Israel.

La primera promesa mesiánica (2:2-4) se dio luego de haberse profetizado tanto la catástrofe inminente, que la antigua promesa de un Redentor corría peligro de ser olvidada, razón por la cual se da después la predicción más específica del nacimiento virginal (7:14). Una profecía posterior (9:2-7) presenta el surgir de una brillante luz en medio de las tinieblas y enumera los cuatro grandes títulos y las dotes sobrenaturales de aquél que habrá de sentarse en el trono de David. ¡Qué admirable contraste con el débil y vacilante gobernante que por entonces ocupaba el trono! En vez de las condiciones apóstatas que privaban bajo Acaz, el Rey ideal bendecirá al mundo con justicia y verdad (11:9). Y en días de Ezequías, cuando las naciones se reunían alrededor de Jerusalén, nuevamente anunció el profeta al Mesías como única esperanza para un reino de estabilidad y permanencia (28:16), completamente bajo dominio divino.

En la segunda división, el profeta llega a la cúspide de sus proclamas mesiánicas. El famoso capítulo 53 presenta un cuadro casi completo de los padecimientos de Cristo 700 años antes que éste apareciera en el mundo. Los mayores expositores bíblicos interpretan este capítulo como la historia de la cruz. Repetidamente se cita en el Nuevo Testamento como cumplido en el Varón de Dolores. Este es el capítulo que el eunuco de Etiopía leía y estudiaba cuando Felipe se puso junto a él y le declaró que esa era la descripción de Cristo (Hch. 8:27-35).

Cómo tratarían los hombres al Siervo Obediente, se menciona primero en 50:6, pero la culminación de su muerte vicaria ocurre cuando él "como cordero fue llevado al matadero" (53:7). Como cordero sufrió en silencio. Nunca había hecho maldad alguna, ni hubo engaño en su boca. Sufrió y murió por otros (Jn. 11:50,51). Fue el Padre quien lo hirió, lo golpeó y lo entregó al dolor. No hay en toda la Biblia más sublime ampliación de Juan 3:16 —el evangelio en miniatura— que Isaías 53. Pero la profecía no termina con el Mesías crucificado. Contempla su tumba y lo ve resucitar, exaltado, intercediendo por muchos y justificándolos.

Después de esta gran visión no se vuelve a mencionar al Siervo del Señor ni sus padecimientos. De aquí en adelante aparece más plenamente su glorificación hasta el final del libro. Quizá el pasaje más notable es aquel con que Cristo anunció su ministerio (61:1,2):

> "El Espíritu de Jehová el Señor está sobre mí, porque me ungió Jehová; me ha enviado a predicar buenas nuevas a los abatidos, a vendar a los quebrantados de corazón, a publicar libertad a los cautivos, y a los presos apertura de la cárcel; a proclamar el año de la buena voluntad de Jehová."

Cuando Cristo entró en la sinagoga de Nazaret y se le pidió que leyera del libro de Isaías, eligió este pasaje, y luego proclamó: "Hoy se ha cumplido esta Escritura delante de vosotros." Cerró el libro sin terminar la profecía (Lc. 4:20) porque ésta no habrá de cumplirse hasta que él venga por segunda vez; esta vez con poder y gloria.

> "a proclamar... el día de venganza del Dios nuestro, a consolar a todos los enlutados; a ordenar que a los afligidos de Sion se les dé gloria en lugar de ceniza, óleo de gozo en lugar de luto, manto de alegría en lugar del espíritu angustiado; y serán llamados árboles de justicia, plantío de Jehová, para gloria suya".

Como preludio del día de venganza llega el "vengador" (Cristo) en defensa de su pueblo contra los opresores gentiles (63:1-6). Luego sigue la oración intercesoria del Israel arrepentido en aquel día. Debe compararse esta oración con la de Nehemías (Neh. 1) y la de Daniel (Dn. 9). La respuesta a la oración de Israel se halla en los capítulos finales (65, 66). Allí describe Isaías las bendiciones definitivas de Israel en el reino milenario y en el estado eterno. Se presenta a los redimidos de todas las naciones compartiendo las bendiciones de Israel, mientras los no salvos son entregados al castigo eterno.

PREGUNTAS POSIBLES PARA REPASO

1. ¿Por qué se reconoce a Isaías como el más grande de los profetas?

2. ¿Qué sabemos de su vida personal?

3. Describa la visión que el profeta experimentó.

4. Describa el carácter de sus escritos.

5. ¿Qué alianza política llevó a Isaías a escribir sus primeras profecías?

6. ¿Por qué estas profecías relativas a las naciones gentiles se escribieron y no se expresaron oralmente a los pueblos a quienes van dirigidas?

7. ¿Por qué la sección histórica de Isaías es en gran parte repetición de 2 Reyes?

8. ¿Cuáles dos palabras resumen la primera y segunda partes de Isaías?

9. ¿Cuáles son los tres temas de la segunda sección del libro?

10. ¿Qué títulos dados a Ciro tienen también que ver con Cristo?

11. ¿Qué profecías mesiánicas se hallan en la primera parte del libro?

12. Describa al Mesías tal como aparece en la segunda división del libro.

13. Explique por qué no terminó Cristo de leer el pasaje de Isaías en la sinagoga de Nazaret (61:1,2; cp. Lc. 4:18,19).

EXPLORACION ADICIONAL

1. Mediante una Biblia con referencias, busque en el Nuevo Testamento las relacionadas con las profecías de Isaías referentes al Mesías. ¿Cuáles experiencias de Pablo, en su defensa del evangelio, siguen un modelo similar a los sufrimientos de Cristo, tal como aparecen en el estudio que precede (v. 2 Co. 11:23 -28)?
¿Qué ha de esperar el creyente que testifica, en cuanto a compartir los sufrimientos de Cristo (v. Juan 16,17)?

2. Señale la relación entre las condiciones políticas, morales y espirituales de los tiempos de Isaías y las de nuestro tiempo.

3. ¿Qué principios básicos para elegir carrera u oficio pueden observarse en la preparación de Isaías para la función profética (cap. 6)?

4. Vuelva a leer Isaías 53 y señale razones por qué este capítulo puede emplearse eficazmente para enseñar el camino de salvación.

5. ¿Qué importantes principios de la oración pueden aprenderse de las circunstancias en que oró Ezequías y de sus resultados finales?

6. Para cultivo personal y estudio devocional busque los atributos de cada una de las personas de la Trinidad en Isaías 9, 44, 53, 61.

NOTAS DE ESTUDIOS

CAPITULO 7

Jeremías y lamentaciones

JEREMIAS, HOMBRE DE FORTALEZA

Contenido: Las grandes profecías de juicio (1:9,10)

Nación: Judá

Tiempo que abarcan: 42 años (626–584 a.C.) (2 R. 22–25)

Autor: Jeremías (1:1)

Divisiones:
  I. Profecías en el reinado de Josías, 1–12
  II. Profecías en el reinado de Joacim, 13–20, 25, 26, 35, 36
  III. Profecías en el reinado de Sedequías, 21–24, 27–34, 37–39
  IV. Profecías durante el cautiverio, 40–44
  V. Profecías contra las naciones, 45–52

Bosquejo:
  I. Llamamiento y comisión, 1
  II. Exhortaciones para Judá, 2–10
  III. Profecía en símbolos, 13,18,19
      A. El cinturón, 13
      B. Las tinajas, 13
      C. El alfarero, 18
      D. La vasija, 19
  IV. Intercesión por Judá, 14,15
  V. Matrimonio prohibido, 16,17
  VI. Setenta años de exilio, 25
  VII. Persecución del profeta, 20,26
  VIII. Los recabitas y el rollo quemado, 35,36
  IX. Supremacía caldea, 21,27,34

X. Falsos profetas, 28,29
XI. Restauración, 23,30—33
XII. Prisión del profeta, 37,38
XIII. Profecías cumplidas, 39,52
XIV. Conspiración y dispersión, 40—42
XV. Profecías en Egipto, 43—45
XVI. Profecías contra Egipto y Filistea, 46,47
XVII. Profecías contra Moab y Amón, 48,49
XVIII. Profecías contra Babilonia, 50,51

Lectura selecta: Jeremías 1—3, 8, 13, 15, 16, 18, 20, 22, 23, 27, 28, 30, 32, 36—38, 41—44, 51, 52; cp. 2R. 22:1 —25:30

VIDA DEL PROFETA

Las profecías de Jeremías sustentan el nombre del profeta. Ningún profeta excepto Moisés aportó tanto al Antiguo Testamento. Moisés escribió aproximadamente el 18% de toda la Biblia. El libro de Jeremías constituye aproximadamente el 5% de toda la Escritura; a excepción de los Salmos es el más largo de todos los sesenta y seis libros de la Biblia. Es una rara combinación de historia, biografía y profecía, que registra no sólo la historia personal del profeta, sino su mensaje de juicio inminente, y del advenimiento del Renuevo de Justicia y su glorioso reinado.

A diferencia de Isaías, este profeta habló a menudo de sus propias experiencias, en efecto, más que cualquier otro personaje del Antiguo Testamento. A este respecto, puede comparársele con el apóstol Pablo. Isaías profetizó durante un tiempo de apostasía y alcanzó a ver que se acataran algunas de sus advertencias en el despertamiento religioso bajo Ezequías, pero las súplicas de Jeremías, expresadas 66 años después, hallaron poca o ninguna respuesta.

La primera predicción de Jeremías ocurrió durante el justo gobierno de Josías. Después de la trágica muerte del último rey bueno de Judá, Jeremías quejumbrosamente (2 Cr. 35:25) profetizó los malos días de los sucesivos malvados reinados de Joacaz, Joacim, Joaquín y Sedequías (Jer. 1:2,3), período de más de 40 años.

Antes de su nacimiento, Jeremías fue llamado por el Señor (Jer. 1:5) para que fuera profeta ante la Jerusalén de los días finales. Siendo aún joven (1:6), se le asignó la ardua tarea de arrancar, destruir, arruinar, derribar, edificar y plantar (1:10). Tuvo que proclamar la caída de Jerusalén y el cautiverio babilónico antes que pudiera declarar el regreso de los exiliados y la reconstrucción de la ciudad. De ambas cosas habló, pero los tiempos exigían primordialmente la clara enseñanza de la condenación contra la capital de Judá, mensaje que le costó dolor y sufrimiento para toda su vida.

Pocos varones de Dios han tenido experiencias más amargas que las de Jeremías, el profeta de muchas penas. Dadas las inestables condiciones políticas durante el tiempo en que profetizó, Dios le ordenó que no se casara (16:2). También se le prohibió entrar en casas de alegría y fiestas (16:8). Afrenta y escarnio eran su diaria ración (20:8). Su familia lo traicionó y los de su pueblo natal lo amenazaron de muerte si continuaba con sus desagradables predicciones (11:21). Tan unánimemente lo adversaban todos, que él se llamó a sí mismo "hombre de contienda y hombre de discordia para toda la tierra" (15:10), y al igual que Job, maldijo el día de su nacimiento (20:14).

Jeremías profetizó el triunfo del ejército caldeo e instó a someterse a los babilonios, declarando que Nabuconodosor era un siervo de Dios (25:9). Por eso lo proclamaron traidor. Y aunque exigían su muerte, fue providencialmente protegido (26:8). Más adelante se presentó en las calles de Jerusalén con un yugo sobre el cuello como símbolo del cautiverio caldeo (27:2). Un falso profeta destruyó el yugo de Jeremías, prediciendo al mismo tiempo que los exiliados judíos que estaban en Babilonia regresarían a los dos años (28:10,11).

Durante el asedio final de Jerusalén, el ejército egipcio acudió en su ayuda y los caldeos se retiraron temporalmente. Esto provocó una situación peligrosa para Jeremías, el cual trató de huir de la ciudad. Fue detenido, acusado de tratar de pasarse a los caldeos y echado en una cisterna (37:13,14). Fue salvado de la muerte por intervención del rey (37:21). Cuando la ciudad capituló, Nabucodonosor protegió a Jeremías, y le dio a elegir entre acompañar a los cautivos a Babilonia o quedarse en Jerusalén con el gobernador Gedalías. Jeremías prefirió quedarse y llorar por el triste destino de la ciudad caída (Lamentaciones), y consolar al triste remanente.

El asesinato de Gedalías trajo confusión a la colonia, y muchos, temiendo la ira de Nabucodonosor, proponían huir a Egipto. Pero Jeremías les afirmó que en Judá estarían seguros y en Egipto serían destruidos (42:7 - 22). Nuevamente menospreciaron su consejo y lo obligaron a emigrar con ellos a Egipto (43:1 - 7). Hasta su muerte, vivió profetizando contra Egipto y las naciones circundantes, incluyendo a Babilonia, conquistadora de todas las demás.

Cuando los falsos profetas proclamaban paz, él anunciaba la guerra. Cuando ellos predecían la prosperidad, él profetizaba el cautiverio. Siempre fue impopular, puesto que su mensaje a Judá predecía que sería rechazado por Dios y que el dominio terrenal pasaría a manos de los gentiles.

Así había de comenzar lo que suele llamarse "el tiempo de los gentiles" durante el cual Israel sería esparcido entre las naciones, sin rey ni templo. Naturalmente los reyes, príncipes, sacerdotes y el pueblo se oponían a dicha profecía, y había muchos falsos profetas dispuestos a predecir lo que agradaba al pueblo. Estos falsos profetas eran aceptados como patriotas, mientras Jeremías era llamado traidor, todo lo cual contribuyó a hacer de él el más desdichado de los profetas.

Jeremías tenía también fama de llorón, pero no lloraba por sí mismo. Sus lágrimas eran por otros. A pesar de no dominar sus emociones, el profeta era hombre de gran valor, que declaró todo el consejo de Dios, por impopular y desagradable que fuera. Jamás lo quebrantaron las persecuciones. Cuando los sacerdotes, los profetas y el pueblo conspiraron para matarlo, derramó "un mar de lágrimas" por su nación moribunda. En este sentido fue símbolo de Cristo. Así como Jeremías lloró ante el cadáver de Josías, Cristo lloró ante la tumba de Lázaro. Al llorar por Jerusalén, el profeta simbolizó a aquel Profeta más grande que derramó lágrimas al acercarse por última vez a la ciudad (Lc. 19:41). Igual que Cristo, Jeremías fue "profeta sin honra en su tierra". El también fue "varón de dolores y experimentado en quebrantos".

SUS PROFECIAS

Las profecías de este libro no aparecen en orden cronológico. Suele clasificárselas en dos divisiones: las relativas a Judá y las que van contra las naciones hostiles. Las predicciones relativas a Judá se agrupan de acuerdo con el rey en el trono.

Profecías del reinado de Josías (1—12)

Los discursos de esta sección probablemente son anteriores al hallazgo del libro de la ley (2 R. 22:3-13). Esto explica su tono moderado en comparación con los últimos. El capítulo uno cuenta del llamamiento de Jeremías en la aldea de Anatot, y el capítulo once describe su persecución a manos del pueblo, que lo obligó a iniciar un largo ministerio en Jerusalén, donde ayudó a la reforma bajo Josías.

Profecías en el reinado de Joacim: Primera serie (13-20)

En los capítulos 13, 18, 19, el profeta se valió de símbolos para dramatizar sus profecías. El cinturón de lino (13) representaba a Judá cuyo orgullo se vería destruido al "sentarse junto a los ríos de Babilonia a llorar". Las tinajas de vino que chocaban una contra otra (13) simbolizaban la embriaguez de pecado y la destrucción de Judá. La arcilla del alfarero (18) representaba a Judá, de la cual Dios haría lo que quisiera. La vasija quebrada (19) ilustraba el modo en que el pueblo y la ciudad serían quebrantados. Como consecuencia de estas proclamas, Jeremías fue cruelmente golpeado y preso en el cepo por Pasur, cuyo desdichado fin se descubre luego (20:1 - 6).

Profecías en el reinado de Sedequías: Primera serie (21—24)

Estos capítulos fueron fruto de la investigación realizada por el rey respecto al resultado del sitio de Jerusalén por Nabucodonosor. El capítulo 22 expone el triste fin de los últimos reyes de Judá. El buen rey Josías, que murió en batalla, no había de ser llorado (22:10), pero sí su hijo Salum (Joacaz), que había sido llevado a Egipto (2 R. 23:34). No había por qué lamentar al indigno Joacim, que estaba muerto (22:13-19). Conías (Jeconías o Joaquín), su hijo, ya estaba cautivo y sería prisionero en Babilonia por toda la vida. La predicción de que este infortunado rey moriría sin hijos (sin trono), (22:28 - 30) era importante porque tiene relación con la genealogía de Cristo (Mt. 1; Lc. 3). La casa de David se había perpetuado desde los días de Salomón, pero ningún futuro heredero de Conías ocuparía el trono. ¿Cómo, entonces, puede Cristo, el hijo de David, afirmar su derecho real al trono? La respuesta es sencilla. Jesús pudo cumplir estas profecías mediante María su madre, descendiente directa de Natán, el hijo de David.

Profecías en el reinado de Joacim: Segunda serie (25, 26, 35, 36)

Estos capítulos son de fecha anterior a las del grupo precedente. Llaman la atención a las constantes exhortaciones de Jeremías. Anuncian que Judá y las naciones circundantes serían subyugadas por Nabucodonosor, que acababa de ascender al trono de Babilonia (25:9 - 11). El período exacto de 70 años de exilio que aquí se predice lo recordó después Daniel y lo movió a elevar su plegaria intercesoria en pro del regreso de los cautivos (Dn. 9:2).

Profecías en el reinado de Sedequías: Segunda serie (27—34; 37—39)

Se insta a someterse al yugo babilónico (27), y se predice la triste suerte del falso profeta Hananías, que predijo la pronta liberación (28). En este punto, el profeta predijo la peregrinación de los judíos entre las naciones, y la restauración final del reino con David (Cristo) en el trono (30,31,33). El profeta compró una heredad ancestral en Anatot (32) como expresión visible de su fe en el cumplimiento de su profecía. A la proclamación del trágico destino de Sedequías (34) sigue un relato del arresto y encarcelamiento del profeta (37,38), y la narración concluye con la caída de Jerusalén.

Profecías durante el exilio (40—44)

Esta porción biográfica es la protesta de Jeremías contra la huida del remanente a Egipto y su predicción de los terribles resultados que de ello vendrían. Es una adecuada conclusión para su larga carrera profética. Su último mensaje, probablemente proclamado después que el remanente se estableció en Egipto, concluye con el vibrante desafío: "Sabrá, pues, todo el resto de Judá que ha entrado en Egipto a morar allí, la palabra de quién ha de permanecer: si la mía, o la suya" (44:28).

Profecías respecto a las naciones gentiles (45—52)

Estos capítulos incluyen una colección de profecías pronunciadas en diferentes ocasiones durante el ministerio de Jeremías. Tienen que ver con Egipto, Filistea, Moab, Amón, Edom, Damasco, Hazor, Elam y Babilonia. Las predicciones contra Babilonia (50,51) describen minuciosamente, en uno de los capítulos largos de la Biblia, el sitio final y la caída de aquella gran potencia mundial. ¿Será reconstruida Babilonia? Este descalabro a manos de Ciro, ¿era sombra de una gran destrucción futura? Sería bueno comparar Jeremías 51:63,64 con Apocalipsis 18:21.

LAMENTACIONES

Bosquejo:
   I. Tristezas de Jerusalén, 1 (acróstico de 22 versículos)
   II. Causa del sufrimiento, 2 (acróstico de 22 versículos)
   III. Bases para la consolación, 3 (acróstico de 66 versículos)
   IV. Comparaciones, 4 (acróstico de 22 versículos)
   V. Confesión, 5 (acróstico de 22 versículos)

Lectura selecta: Lamentaciones

En la Septuaginta, Jeremías y Lamentaciones son un solo libro. Se nota de inmediato que es un solo autor, puesto que las lamentaciones revelan al profeta plañidero. Están compuestas en el estilo de las endechas o cantos fúnebres, y son relatos de un testigo presencial sobre la ruina de la ciudad y del templo. Se habían cumplido las predicciones de Jeremías respecto a la obra destructiva de Nabucodonosor. Estas lamentaciones son llanto de duelo; cada letra está escrita con una lágrima y cada palabra tiene el latir de un corazón quebrantado.

El libro consta de cinco capítulos, cada uno de los cuales constituye un poema separado y completo. Cada canto contiene veintidós versículos, de acuerdo con el número de letras en el alfabeto hebreo. En el tercer canto, cada versículo se divide en tres oraciones, haciendo así los sesenta y seis versículos de nuestra versión española. Todo el libro es un acróstico, forma favorita de la poesía hebrea.

PREGUNTAS POSIBLES PARA REPASO

1. ¿Cuál es el principal empeño del mensaje de Jeremías?
2. Compare el libro de Jeremías con el de Isaías.
3. Dé un breve bosquejo de la vida de Jeremías.
4. ¿Por qué era impopular Jeremías?
5. ¿Por qué se le llama el profeta llorón?
6. ¿Cuáles son las dos divisiones del libro?
7. ¿Qué cuatro símbolos empleó Jeremías para representar a Judá?
8. Muestre cómo la profecía relativa a Conías (22) tiene importante relación con la genealogía de Cristo.
9. Anote las profecías mesiánicas de los capítulos 30, 31 y 33.
10. ¿Qué naciones extranjeras están incluidas en las profecías de Jeremías?
11. Diga el contenido y estructura del libro de Lamentaciones.

EXPLORACION ADICIONAL

1. ¿Qué principios básicos en cuanto a elección de oficio o profesión pueden observarse en la preparación de Jeremías para el ministerio profético (Jer. 1).

2. Busque los diversos títulos que se dan a Cristo en el libro de Jeremías y observe qué revelan respecto a la naturaleza y ministerio del Señor.

3. Señale pruebas de la gran misericordia de Dios en los principales acontecimientos del libro. ¿Cuáles de ellas pueden aplicarse al dar el evangelio a los pecadores y al tratar con los reincidentes?

4. ¿Qué acciones y reacciones se produjeron al hallarse el libro de la ley? Ilustre con acciones y reacciones de nuestro tiempo relativas a la enseñanza de la Palabra de Dios.

5. Mediante una Biblia con referencia busque en el Nuevo Testamento citas del libro de Jeremías.

6. ¿Qué grandes principios de oración y fe pueden observarse en la vida de Jeremías?

CAPITULO 8

Ezequiel

ATALAYA DE ISRAEL

Contenido: Gran profecía de la restauración

Nación: Judá

Tiempo que abarca: 26 años (593–567 a.C.)

Autor: Ezequiel

Divisiones:
  I. Predicciones sobre Jerusalén, 1–24
  II. Predicciones sobre las naciones gentiles, 25–32, 35
  III. Predicciones sobre la restauración, 33, 34, 36–48

Bosquejo:
  I. Llamamiento y comisión, 1–3
  II. Señales de asedio, 4,5
  III. Muerte y desolación, 6,7
  IV. Condiciones pecaminosas, 8–16
    A. Idolatría, 8–14
      1. Idolos, 8
      2. Discriminación, 9
      3. Querubines, 10
      4. Gobernantes, 11,12
      5. Profetas, 13
      6. El pueblo, 14
    B. Abominaciones, 15,16
  V. Sufrimientos por el pecado, 17–19
    A. Juicio, 17
    B. Justicia, 18
    C. Lamentaciones, 19

VIDA DEL PROFETA

Dos de los más destacados profetas del Antiguo Testamento ministraron por un mismo tiempo. Jeremías tomó parte activa en los conmovedores sucesos que ocurrieron en Jerusalén. Ezequiel contempló dichos sucesos desde lejos y escribió en gran parte sobre su relación con los exiliados, de los cuales él formaba parte. Ezequiel habla poco de sí mismo, y su ministerio de veintidós años duró sólo la mitad del de su contemporáneo.

Nabucodonosor había tomado a Jerusalén dos veces: en 605 a.C. y en 597 a.C. En la primera ocasión se enteró de la muerte de su padre, y en su prisa por volver a Babilonia, se dio por satisfecho con llevarse únicamente los vasos del templo y unos cuantos cautivos, entre ellos a Daniel (Dn. 1:1,2). Por aquel tiempo se rebeló Joacim, y Nabucodonosor volvió a presentarse ante Jerusalén, y se llevó encadenado a Babilonia al rey (2 Cr. 36:6,7).

Su hijo Joaquín fue entronizado como vasallo de Nabucodonosor. Tres meses después, cuando Joaquín (Conías) dio señales de descontento, fue también depuesto y llevado cautivo. Esta vez los caldeos saquearon por completo la ciudad, se llevaron todos los tesoros y 10.000 nobles y artesanos, dejando únicamente "los pobres de la tierra" (2 R. 24:12-16). Ezequiel fue llevado junto con este último grupo de exiliados (Ez. 1:1,2).

Nabucodonosor estableció a los cautivos como una colonia judía en Tel-Abib, en las márgenes del río Quebar. Ezequiel vivía en su propia casa (3:24; 8:1) y ministraba como pastor, profeta y sacerdote a su desdichado pueblo. Como pastor, desempeñaba su cargo atendiendo a la amonestación (3:17-21; 33:7-9). Como profeta, proclamaba el juicio inminente y la futura restauración. Como sacerdote, poseía un fino y exacto conocimiento de todas las formas del culto.

Después de cinco años en Tel-Abib (1:2), Ezequiel ejerció su ministerio profético. Jeremías, que ya había profetizado durante treinta y cuatro años, envió una carta especial (Jer. 29) a la colonia judía en el exilio. Esto dio pie al primer mensaje profético de Ezequiel. Según parece, falsos profetas habían engañado a los cautivos, haciéndoles esperar un pronto regreso a Jerusalén. Para disipar esa falsa esperanza, Jeremías envió su mensaje: "Porque así dijo Jehová: Cuando en Babilonia se cumplan los setenta años, yo os visitaré, y despertaré sobre vosotros mi buena palabra, para haceros volver a este lugar" (Jer. 29:10). El ministerio de Ezequiel confirmó la desagradable predicción de Jeremías durante los cinco años que habrían de pasar antes de la caída final de Jerusalén (586 a.C.). Después de esa catástrofe, sus grandes mensajes de restauración consolaron al desencantado y abatido pueblo.

Aunque tanto Jeremías como Ezequiel tuvieron mensajes de advertencia y exhortación, difieren mucho en cuanto a temperamento. Jeremías profetizó respecto a una nación moribunda, y su compasión tierna y amorosa aparece constantemente. Ezequiel no tenía esas características emocionales. Poseía gran energía y vigor, y su grave y profundo sentido de responsabilidad lo llevaba a condenaciones mucho más severas que las de Jeremías. Cuando lanzó su ataque contra los crímenes y prevaricaciones de un pueblo apóstata, lo hizo con fuego y vehemencia.

El estilo de Ezequiel como escritor es distinto al de Jeremías. Sus visiones respecto al futuro eran mucho más grandes y completas. Empleó por lo menos cien veces en sus escritos el título de "hijo del hombre" que Dios le dio. Sólo a otro profeta del Antiguo Testamento se le designa así: Daniel. Cristo se aplicó a sí mismo ese título ochenta y seis veces. Como distinción para quienes habían sido rechazados, adecuadamente se aplica a los dos.

El profeta ilustra sus predicciones con símbolos dramáticamente llamativos. Se echó sobre un costado y comió pan impuro por peso, y bebió agua por medida para demostrar las penalidades del asedio (4:9-17). Para otra profecía, se rasuró el cabello y la barba, y luego quemó la tercera parte de esto, cortó otra tercera parte con cuchillo, y el tercio restante lo esparció al viento para simbolizar el triple destino que aguardaba a los sentenciados ciudadanos de Jerusalén (5:1 - 12).

También empleó visiones simbólicas, a menudo difíciles de entender. La parábola del fuego en el bosque del sur (20:45 - 49) viene al caso. Sólo Daniel y Apocalipsis tienen un simbolismo más complicado. Sea cual sea la interpretación de estas profecías, el profeta reiteró haber sido puesto *"por señal* a la casa de Israel" (12:6,11; 24:24,27). Los cautivos tenían grandes prejuicios contra los mensajes de Ezequiel (3:7 - 9; 12:2; 33:32), y a veces se hacían los sordos ante sus desagradables palabras.

Como sacerdote, Ezequiel se preocupaba por el templo. Con dolor había presenciado el saqueo por Nabucodonosor (2 R. 24:13). En la primera parte de sus escritos (1), menciona el trono de Dios en el templo. Después afirma que éste ha sido quitado de Jerusalén porque el gobierno de la tierra se le ha quitado a Israel para dárselo a los gentiles (10). Pero al final vio el trono de Dios restaurado en el templo milenario (40—43).

Daniel fue el profeta político del exilio; Ezequiel escribió como sacerdote. Estos dos libros presentan una clara ilustración del paralelismo político y religioso que se observa en todo el Antiguo Testamento.

Sus profecías

El contenido de las profecías de Ezequiel se divide naturalmente en tres partes. Los primeros veinticuatro capítulos contienen profecías pronunciadas antes de la destrucción de Jerusalén. Se las agrupa de acuerdo con el año en que fueron dadas, y Ezequiel es exacto al indicar la fecha respectiva. El llamado de Ezequiel al ministerio profético fue en el quinto año del cautiverio del rey Joaquín, y sus predicciones de aquel período pueden dividirse así:

Quinto año del cautiverio (1—7)

Los versículos iniciales (2,3) explican el llamamiento y comisión del profeta. Siete veces se le advirtió que era enviado a una nación *rebelde*. Se le ordenó solemnemente "apercibir al impío de su mal camino" (3:17 - 21). Vienen luego las representaciones simbólicas del sitio y destrucción inminentes de Jerusalén (4—6). Los. 390 años de apostasía de Israel y los cuarenta años en que Judá había sido especialmente rebelde, se presentan en un sitio típico (4).

Ezequiel dirigió todas estas profecías a "toda la casa de Israel" y no a Israel o a Judá individualmente, como habían hecho los profetas de antes del exilio. Quizá esto haya sido porque Judá estaba al borde de la extinción y no podían aprovecharle más amonestaciones. El "tiempo de los gentiles" ya había comenzado, de modo que el profeta pone la esperanza en el día en que Israel ha de tener junto con Judá restauración permanente.

Sexto año del cautiverio (8—19)

Esta sección se inicia con referencia especial a Judá y Jerusalén. En presencia de los ancianos de Judá, Ezequiel presenta su visión de la profanación del templo (8), y describe el resultante juicio sobre Jerusalén y los sacerdotes, de entre los cuales se señalan como excepción unos cuantos fieles (9). El símbolo de la "divina presencia", como consecuencia, se retira, primero del templo y luego de la ciudad (10).

El profeta fue devuelto en cautiverio a "la casa rebelde". Mediante la señal de una brecha en el muro previno que en vano trataría Sedequías de escapar así de sus carceleros caldeos (12:12,13). Reprendió a los falsos profetas que estaban dedicados en Jerusalén y Babilonia a proclamar paz y una pronta restauración (13). Cuando lo entrevistaron los ancianos de Israel, reiteró su advertencia de inminente destrucción, diciendo que aun si Noé, Daniel y Job estuvieran en Jerusalén para interceder, no se perdonaría a la ciudad (14).

Presenta a Israel como viña estéril (15), y como degradada adúltera (16). Valiéndose de un águila como símbolo de Nabucodonosor (17), mostró que el cogollo del cedro (Joaquín) ya había sido arrancado y se lo habían llevado; y que la viña que quedaba (Sedequías) se iría en pos de la otra gran águila (Faraón). El profeta vindicó la justicia de Dios y mostró la equidad de su gobierno moral (18). El capítulo 19 es una lamentación por la triste suerte de los reyes Joacaz, Joaquín y Sedequías.

Séptimo año del cautiverio (20—23)

Los ancianos de Judá fueron a preguntarle a Ezequiel sobre los resultados de la revuelta de Sedequías contra Babilonia y su alianza con Egipto. El les recordó la idolatría de Israel en Egipto, y los reprendió por la arraigada idolatría de ellos (20). Predijo que Sedequías sería derrotado y que el sacerdocio y la realeza desaparecerían hasta que regresara Aquél que tenía derecho para gobernar (21). Los dos capítulos siguientes exhiben las inmorales condiciones que imperaban en Jerusalén y vindican la justicia de Dios en el castigo y destrucción de la ciudad (22,23).

Noveno año del cautiverio (24)

Dos años y medio habrían de pasar antes de la siguiente profecía de Ezequiel. Al comenzar el último asedio de Jerusalén, se le dio a conocer a Ezequiel no sólo este hecho, sino la súbita muerte de su esposa, por la cual se le ordenó no llevar luto (24:16,17). Su actitud indiferente sería señal del empedernido corazón del pueblo ante el desastre inminente. Desde esa hora, el profeta no debía despegar los labios respecto al tema de Jerusalén, hasta recibir la noticia de su capitulación (24:26,27).

LAS NACIONES GENTILES

Durante el sitio de Jerusalén, Ezequiel escribió la historia futura de las siete naciones contemporáneas que rodeaban a Judá. Pasando brevemente sobre Amón, Moab, Edom y Filistea (25), que ya eran naciones decadentes, escribió más extensamente sobre Tiro (26—28) y Egipto (29—32).

Las profecías respecto a Tiro son de especial interés. Con admirable detalle, se describen los catorce años de asedio caldeo. Si bien con el tiempo fue tomada la ciudad, Nabucodonosor no logró tomar la fortaleza de mar adentro. El método que Alejandro Magno empleó 240 años más tarde para ello, se describe minuciosamente (26:12). El profeta se refirió al rey de Tiro (28), y a su instigador, Satanás, y dio un vistazo a la prehistórica gloria de Satanás, su orgullo y humillación. Dio especial atención al destino de Egipto y sus gobernantes (29—32), ya que la rebelión de Judá contra Babilonia había provenido de acariciar esperanzas de auxilio de este poderoso aliado. El dorado sol de Egipto estaba en su ocaso, y de ahí en adelante no podría exaltarse sobre las naciones ni gobernarlas (29:15; 2 R. 24:7).

LA RESTAURACION DE ISRAEL

La tercera división del libro (33—48) se introduce con una advertencia a Ezequiel en cuanto a su responsabilidad como atalaya (v. 3:17- 21). Un mensajero especial le informa sobre la caída de Jerusalén. Esta fue la señal para que Ezequiel volviera a profetizar respecto a su pueblo (33:21,22). Sus posteriores mensajes estuvieron en gran parte dedicados a la futura restauración de Israel y Judá. En la visión del valle de los huesos secos (37), hay una clara predicción de la unión entre los reinos del norte y del sur, con David (Cristo) otra vez como rey del reino unido. Esto no puede referirse enteramente a la restauración parcial bajo Esdras y Nehemías, ya que ello afectó sólo a una parte de Judá.

Los capítulos 38 y 39 revelan a los últimos enemigos de Israel, Gog y Magog, y su destrucción. Los capítulos finales (40—48) describen el templo milenario. Era un tema de especial interés para el escritor sacerdotal de la restauración. Todos los profetas predijeron el final regreso del remanente y la gloria del reino mesiánico. Unicamente Ezequiel describió el detalle del nuevo orden que habría de establecerse. Sólo él descubrió el modelo del nuevo templo, su nuevo ritual, y la nueva división de la tierra (47,48).

PREGUNTAS POSIBLES PARA REPASO

1. Compare al profeta Ezequiel con Jeremías.

2. Diga brevemente cuál fue la situación política que produjo el exilio de Ezequiel.

3. ¿Qué circunstancias llevaron a Ezequiel a ejercer su ministerio profético?

4. ¿Qué título se dio a Ezequiel, que Cristo también se aplicó?

5. ¿Por qué se valía Ezequiel de símbolos en sus predicciones?

6. ¿En qué forma el oficio sacerdotal de Ezequiel matiza sus escritos?

7. ¿Cuáles son las tres divisiones de Ezequiel?

8. Describa cuatro de las profecías del sexto año del cautiverio (8—19).

9. ¿Qué significación nacional tuvo la actitud de Ezequiel hacia la muerte de su esposa (24)?

10. ¿Qué naciones gentiles fueron objeto de su profecía?

11. ¿Cómo se cumplieron al pie de la letra las profecías de Ezequiel respecto a Tiro?

12. ¿Qué período se tiene proféticamente presente en los capítulos 40—48?

EXPLORACION ADICIONAL

1. Compare y contraste el llamamiento y comisión de Ezequiel con los de Isaías y Jeremías (Ez. 2; 3; Is. 6; Jer. 1). ¿Qué preparación básica hemos visto que es necesaria para el servicio cristiano?

2. Anote los símbolos que Dios dio a Ezequiel para enseñar al pueblo. ¿Cómo retratan la gravedad del mensaje del juicio venidero? Justifique el empleo de este énfasis y método al presentar el mensaje cristiano actualmente.

3. Anote por lo menos cinco de las enseñanzas prácticas del libro, tales como la obediencia a los padres, respuesta a la instrucción.

4. Indique la verdadera responsabilidad de la iglesia y del creyente individual hacia el pueblo judío, a la luz de los futuros acontecimientos.

5. Busque en varios comentarios sugerencias para interpretar los siguientes pasajes:

   —Caída de Lucifer y del príncipe de Tiro (Ez. 28; cp. Is. 14).

   —Juicio contra Gog y Magog (Ez. 38; 39).

NOTAS DE ESTUDIOS

NOTAS DE ESTUDIOS

CAPITULO 9

Daniel

ESTADISTA Y PROFETA

Contenido: Grandes profecías sobre los imperios mundiales

Nación: Judá e imperios mundiales

Tiempo que abarca: 72 años (605—534 a.C.)

Autor: Daniel

Divisiones:

Bosquejo:

IV. Darío, 6
   A. Daniel sentenciado, vv. 1—17
   B. Daniel liberado, vv. 18—28
V. Cuatro bestias (Babilonia, Medo-Persia, Grecia, Roma), 7
   A. Visión, vv. 1—14
   B. Explicación, vv. 15—28
VI. Carnero y macho cabrío (Medo-Persia y Grecia), 8
   A. Visión, vv. 1—14
   B. Explicación, vv. 15—27
VII. Las setenta semanas (Período de Israel), 9
   A. Preparación, vv. 1—3
   B. Oración, vv. 4—20
   C. Promesa, vv. 21—27
VIII. Ultima visión (Futuro de Israel), 10—12
   A. Preparación de Daniel, 10
   B. Las sesenta y nueve semanas (483 años), 11
   C. La semana número 70 (7 años), 12

Lectura selecta: Daniel

VIDA DEL PROFETA

Daniel, que significa "Dios es mi juez", era un príncipe de la casa real de David. Muy joven fue llevado cautivo a Babilonia junto con otros príncipes de Judá por Nabucodonosor (605 a.C.). Ya hacía veintitrés años que Jeremías profetizaba. Esto ocurrió nueve años antes que Ezequiel fuera al exilio y doce años antes que empezara a profetizar. Daniel vivió durante todo el período del cautiverio, y tenía casi noventa años cuando Zorobabel guió la primera expedición de regreso a Jerusalén. Ejerció su misión profética más tiempo que cualquiera de sus contemporáneos, y los setenta años de su ministerio exceden con mucho a los de cualquier otro vidente del Antiguo Testamento. Daniel era de linaje principesco y tenía atractivo personal. Fue elegido junto con otros tres prometedores jóvenes hebreos, Sadrac, Mesac y Abed-nego, destinados a instruirse para el servicio del rey (1:1-4). Mediante su abstinencia, esfuerzo, inteligencia y confianza en Dios, ganó simpatías y ascensos. Desde edad temprana se le había grabado la enseñanza, quizá en el regazo de su madre, de que "como los repartimientos de las aguas, así está el corazón del rey en la mano de Jehová; a todo lo que quiere lo inclina" (Pr. 21:1). Sabía que agradar a Dios significaba agradar al rey. No porque a Nabucodonosor le importara que Daniel agradara a Dios, sino porque

80

Dios, satisfecho con Daniel, inclinaría el corazón del rey en favor de Daniel.

Daniel fue primer ministro bajo cuatro dinastías de las mayores potencias mundiales. Esto es una sorprendente ilustración del absoluto control de Dios en los asuntos de los hombres y las naciones, y del modo en que emplea a sus hijos, aunque estén cautivos, para dirigir la administración de los reinos. Hay mucha semejanza en el ascenso de esclavo a soberano, en las vidas de José y Daniel.

Ezequiel, contemporáneo de Daniel, menciona a éste no como escritor, sino como varón justo y sabio (Ez. 14:14,20; 28:3). El reconocimiento por Ezequiel de la rectitud de Daniel, resalta al mencionarlo junto con Noé y Job. Se compara la sabiduría de Daniel con la del rey de Tiro. Ezequiel declaró: "No hay secreto que te sea oculto", lo cual sugiere que conocía la famosa interpretación que Daniel hizo del sueño de Nabucodonosor (Dn. 2). Aunque no se menciona a Daniel en el gran capítulo sobre la fe en Hebreos, sí constan sus hechos (He. 11:33).

La profunda devoción, humildad y confianza en Dios que Daniel tenía se aluden en casi cada capítulo de su libro. Sobresalía como hombre de oración. Al interceder por el perdón y restablecimiento de Israel (9) eleva una de las más admirables plegarias de la Biblia. Habló con ángeles, y el ángel Gabriel se dirigió tres veces a él como "varón muy amado". Era al respecto como el apóstol Juan. Uno y otro fueron muy amados por Dios, y se les concedió contemplar el futuro más ampliamente que a ningún otro profeta. Sus visiones del Cristo glorificado también son similares (v. Dn. 10:5 - 10; Ap. 1:12 - 18).

El Señor habló claramente de Daniel el profeta. En su gran discurso profético lo citó (Mt. 24) y para comprender esa referencia, es necesario comprender a Daniel. El libro de Apocalipsis, el más grande libro profético del Nuevo Testamento, sería libro sellado si no lo iluminara el libro de Daniel. Las profecías por cumplirse en Daniel también quedarían en el misterio si su cumplimiento no apareciera en Apocalipsis.

LIBRO DE HISTORIA (1—6)

Los primeros seis capítulos del libro de Daniel son históricos. Excepto la historia de Sadrac, Mesac, y Abed-nego en el horno ardiente (3), todos tienen que ver con Daniel y su relación con los monarcas de los grandes reinos de Babilonia y Medo-Persia.

La interpretación que Daniel dio del sueño de Nabucodonosor lo puso bajo la atención pública, y se le ascendió a primer ministro, con máxima autoridad en lo político y educativo (Dn. 2:48). Más adelante, durante la demencia del rey, posiblemente haya sido virrey (4). Mientras tanto, Sadrac, Mesac, y Abed-nego recibieron altos puestos en la provincia de Babilonia (3:30).

Bajo Belsasar, Daniel perdió su posición prominente. Más adelante, cuando durante el festín de Belsasar los sabios no pudieron descifrar la escritura del muro, la reina se acordó del anterior servicio de Daniel (2). Por recomendación de ella se llamó a Daniel (5:10 -16). El profeta reprendió al rey por su impiedad y orgullo, recordándole cómo había sido humillado y depuesto Nabucodonosor porque "su corazón se elevó" (4). Reveló que por su idolatría Belsasar sería muerto aquella noche, la ciudad tomada y establecido el reino medo-persa.

Bajo Darío el medo (538 a.C.), el reino fue gobernado por 120 príncipes por sobre los cuales había tres presidentes, el primero de los cuales era Daniel. La preferencia que el rey mostraba hacia Daniel, excitó los celos, y hubo un complot para provocar su caída. Esto fracasó porque Dios envió su ángel a cerrar la boca de los leones (6). Ya Daniel era anciano cuando lo echaron en el foso de los leones, pero en su ancianidad era tan fiel a Dios como en su juventud. Sus enemigos lo odiaban por su resuelta oposición al soborno y la corrupción, y por su fe en la Palabra de Dios (6:4,5).

Bajo Ciro el persa (536 a.C.), Daniel, que tenía ochenta años, seguía en su elevado puesto (6:28). Fue sin duda uno de los consejeros reales que influyeron en el envío de los judíos y sus tesoros sagrados de regreso a Jerusalén.

El segundo capítulo es profético y a la vez histórico, en cuanto que la interpretación del sueño de Nabucodonosor se refería a sucesos futuros. El rey soñó con la imagen de un hombre que representaba cuatro sucesivos imperios mundiales. La cabeza de oro era Nabucodonosor, un autócrata absoluto. Los brazos y el pecho de plata representaban a Medo-Persia, una monarquía limitada. Los muslos de bronce representaban a Grecia, más débil que los gobiernos anteriores por haberse dividido en cuatro partes tras la muerte de Alejandro. La parte de hierro simbolizaba a Roma, la cual duró más tiempo pero fue más débil por estar dividida en los imperios de oriente y occidente, representados por las dos piernas. Los pies de barro mezclado con hierro preanuncian el desarrollo de la democracia en tiempos posteriores. El desarrollo de estos cuatro grandes imperios ha sido confirmado por la historia. Más significativo aún es que conquistadores como Mahoma, Carlomagno y Napoleón no lograron jamás establecer un quinto imperio universal. El mundo está a la espera del "reino que no será jamás destruido" y de la "piedra cortada no con mano" que ha de quebrantar a las naciones rebeldes "como vasija de alfarero" (Sal. 2:9). Vemos así que el Mesías y su reino son grandes temas de la profecía.

El cuarto capítulo también contiene profecía, pues la interpretación que Daniel dio del segundo sueño de Nabucodonosor se cumplió un año después (4:28,29). El orgulloso monarca que se jactaba de sus éxitos y de su derecho de recibir honra y homenaje, súbitamente se volvió loco y quedó incapaz durante siete años. Isaías había descrito anteriormente la gran ambición del rey de Babilonia (Is. 14); esta fue sin duda una profecía respecto a Nabucodonosor. La historia confirma ambas profecías, pues Nabucodonosor fue humillado. Pero fue restaurado para que alabara, ensalzara y honrara al Rey de los cielos (4:37).

La predicción de Daniel respecto a la caída de Babilonia se cumplió la misma noche que interpretó lo escrito sobre el muro (5). Esto confirmó las anteriores profecías de Isaías 13, Jeremías 50, 51, y Habacuc 2. Belsasar era nieto de Nabucodonosor y reinaba en Babilonia mientras su padre, Nabonid, hacía la guerra contra Ciro. La Historia menciona a Nabonid o Nabu-Naid, y no a Belsasar como hijo de Nabucodonosor (5:11). Esto se explica por el hecho de que una misma palabra hebrea se usa para designar al padre y al abuelo. Jeremías 27:7 lo deja muy claro: "Y todas las naciones le servirán a él (a Nabucodonosor), a su hijo (Nabonid), y al hijo de su hijo (Belsasar), hasta que venga también el tiempo de su misma tierra."

LIBRO DE PROFECIA (7–12)

Los últimos seis capítulos de Daniel constituyen la parte profética. Las cuatro visiones de la historia futura de las naciones muestran la relación con el pueblo judío, incluyendo descripciones definidas del tiempo y condiciones relacionadas con la venida de Cristo.

Las visiones de los capítulos 7 y 8 ocurrieron durante el retiro político del profeta en los años iniciales de Belsasar (7:1; 8:1). Abarcan lo mismo que el sueño de Nabucodonosor en el capítulo segundo, pero más detalladamente. En el capítulo 7 se representa a Babilonia por un león, a Medo-Persia por un oso, a Grecia por un leopardo y a Roma por una espantosa bestia sin nombre. En el capítulo 8, Medo-Persia aparece como un carnero y Grecia como un macho cabrío, cuyo notable cuerno (5–7) era Alejandro Magno. La visión que tuvo Daniel de "uno semejante al Hijo del hombre" y del "anciano de días" probablemente se refiere al Mesías que recibe su reino terrenal de manos del mismo Dios (7:9-14; cp. 2:34,35; Lc. 19:12,15,27; Zac. 14:3-9; Ap. 19:11-16). El "rey altivo de rostro" (8:23) suele reconocerse como Antíoco Epífanes, pero la interpretación de 8:17—26 bien podría ir más allá del tiempo de Antíoco y referirse al anticristo en los últimos tiempos (2 Ts. 2:3,4; Ap. 13).

El noveno capítulo contiene la oración intercesoria de Daniel en pro de su pueblo. El hecho de que se haya enterado "en los libros" demuestra que las profecías anteriores se habían consignado por escrito. Al parecer, Daniel era un cuidadoso estudiante de la ley y los profetas. Por lo menos conocía las predicciones de Isaías (44:28—45:3), de Jeremías (25:11,12), y la oración dedicatoria de Salomón (1 R. 8:46—50). La fe del anciano profeta se vio recompensada con el decreto de restauración emitido por Ciro y por la revelación del futuro de Israel desde el exilio babilónico hasta el fin de la presente era (Esd. 1:1-4).

Las "setenta semanas" de los últimos versículos del capítulo nueve son el tiempo exacto en que los intereses del pueblo judío habrían de estar en ascenso. Estas son semanas de años, y se dividen en tres períodos. Primero, las siete semanas, o cuarenta y nueve años, en las cuales se produjo la restauración de Jerusalén que consta en los libros de Esdras y Nehemías; segundo, las sesenta y dos semanas o 434 años, hasta el tiempo del "Mesías príncipe"; y tercero, la semana que algunos piensan sea los siete años del período de tribulación que se cree precederán a la segunda venida de Cristo, cuando ya haya vuelto Israel a ocupar su propio territorio.

El capítulo diez es la clave de los últimos tres capítulos (10—12), la preparación de Daniel para su última profecía. Se resume con estas palabras: "He venido para hacerte saber lo que ha de venir a tu pueblo en los postreros días" (10:14). La primera parte (11:1-35) de esta última profecía trata de los reyes que habrían de gobernar al restaurado remanente en Jerusalén. La referencia a los poderosos reinados de Jerjes y Alejandro (11:2,3) centra la atención en la división del imperio griego entre los cuatro generales de .Alejandro. Como Palestina se halla entre Egipto por el sur y Siria por el norte, las guerras de estas naciones se describen detalladamente. De Antíoco Epífanes se habla extensamente. En efecto, el capítulo 11 puede bosquejarse como el dominio, hechos y condena de Antíoco. La última parte del capítulo (vv. 36—45) puede que describa lo que se cree ser su difusa sombra, el anticristo de los últimos días.

El capítulo 12 predice los últimos días, o la semana número setenta, de la historia futura de Israel. Daniel la caracteriza sencillamente como "tiempo de angustia, cual nunca fue desde que hubo gente hasta entonces" (12:1). Luego se le ordena: "Cierra las palabras y sella el libro hasta el tiempo del fin."

(Se recomienda estudiar comparativamente Apocalipsis 5—19 y Mateo 24.)

Como estadista y profeta, Daniel se interesa profundamente por el bienestar de su pueblo. En el vistazo panorámico del surgimiento y caída de las naciones, se le aseguró a Daniel que Israel su pueblo triunfaría en definitiva.

El libro de Daniel se escribió en dos idiomas. El capítulo 1, y los capítulos 8 a 12 se escribieron en hebreo. La porción 2:4—7:28 se escribió en arameo, lengua de aquellos imperios orientales. El propósito de esto es claro. Daniel anotó en lengua caldea lo relacionado con la historia mundial. Empleó el hebreo para lo relativo a su propio pueblo.

PREGUNTAS POSIBLES PARA REPASO

1. Compare los ministerios de Daniel, Ezequiel y Jeremías.

2. ¿Qué revela la historia bíblica sobre la vida de Daniel en su juventud?

3. ¿Qué alusiones a Daniel hace Ezequiel?

4. Bosqueje brevemente el contenido de cada uno de los seis capítulos históricos.

5. ¿Qué tiene de profético y de histórico el segundo capítulo?

6. Explique las profecías de los capítulos 7 y 8.

7. ¿Qué pasaje sugiere que Daniel era un diligente estudiante de las Escrituras?

8. ¿Qué son las "setenta semanas"?

9. ¿Quién era Antíoco Epífanes?

10. ¿Qué indican las Escrituras respecto a la comprensión que Daniel tenía de lo que había oído y visto (cap. 12)?

EXPLORACION ADICIONAL

1. Haga un cuadro de las visiones de Daniel (caps. 7–12), junto con las interpretaciones evidentes. Compare el simbolismo de éstas con el de los libros de Ezequiel y Apocalipsis.* ¿Cuáles de ellas tienen significación actual?

2. Busque la sucesión de acontecimientos y actividades que llevaron a la caída de Nabucodonosor. Muestre formas similares de actitudes y acciones entre los líderes mundiales de hoy día.

3. ¿Qué valores o cuestiones deben apoyar los cristianos en la legislación de sus países?

4. Para posible discusión y análisis en clase en cuanto a las condiciones mundiales y su relación con la profecía bíblica, recorte en los periódicos noticias sobre los sucesos del día.

5. Discuta el aspecto de la profecía de Daniel a que se refiere Cristo (Mt. 24:15). Dé indicaciones de cumplimiento en nuestros días.

---

* Un vistazo somero del tema puede verse en *Síntesis del Nuevo Testamento*, libro de Apocalipsis, Curso para Maestros Cristianos.

CAPITULO 10

Oseas, Amós, Miqueas

INTRODUCCION

La palabra profética demuestra el poder y sabiduría de Dios, y su respuesta a la necesidad del hombre. El hombre ignora lo que el día le traerá, pero Dios revela su voluntad para el presente y descubre sus planes y propósitos para el futuro. La cuarta parte de la Escritura aproximadamente está constituida por la porción profética y exige estudio cuidadoso y reverente.

La profecía no es únicamente una predicción del futuro que surge de las condiciones presentes. Está inseparablemente relacionada con la voluntad de Dios para el hombre. Requiere completa e inmediata obediencia.

Los Profetas Menores no son menos importantes ni menos inspirados que los Profetas Mayores, pero se les llama así por su comparativa brevedad. En el canon hebreo aparecen como un solo libro. En conjunto, tienen sólo un capítulo más que Isaías, y sus 1.050 versículos se quedan bastante cortos ante los 1.346 de Jeremías.

Estos doce libros forman tres grupos. Los primeros tres son profecías tempranas dirigidas a Israel y Judá. Los seis siguientes son profecías posteriores para Judá y las naciones gentiles. Los últimos tres se escribieron después del exilio, para el restaurado remanente de Judá. A seis de los doce libros se les da fecha por mencionar el nombre de reyes de Israel, Judá y Persia.

OSEAS, MENSAJERO DEL AMOR DIVINO

Contenido: Profecía del amor divino

Nación: Israel

Fecha: Escrito entre 760—722 a.C.

Autor: Oseas

Bosquejo:

Lectura selecta: Oseas

El ministerio profético de Oseas, que abarcó cuatro décadas, tuvo verdadera significación. Comenzó su obra durante el malvado reinado de Jeroboam II, y es probable que su vida y ministerio hayan terminado cuando fue destruido el Reino del Norte. Dirigió sus profecías exclusivamente al Reino del Norte. Aunque fue contemporáneo de Isaías, inició su labor algunos años antes. Ya que su ministerio abarcó un período de unos cuarenta años, cabe preguntar por qué son tan breves sus escritos. Igual que sucedió con otros profetas, es probable que mucho de lo que dijo nunca se escribiera. El Espíritu Santo ha conservado sólo las porciones que ha considerado útiles para enseñarnos, corregirnos, redargüirnos e instruirnos en justicia (2 Tim. 3:16).

Oseas profetizó durante el período en que el Reino del Norte estaba oprimido por los asirios. Las circunstancias y la final extinción de Israel por Asiria son la angustia que se refleja en sus profecías. Asiria fue para Israel lo que Babilonia para Judá: el verdugo instituido por Dios. La mayoría de los profetas escribieron acerca de Judá. Sólo dos o tres de los Profetas Menores y las palabras iniciales de Isaías se refieren a Asiria. Tres profetas, Oseas, Joel y Amós vivieron cuando el imperio asirio estaba en la cúspide y cuando sobre el Reino del Norte pesaba su brazo imperial.

La opresión por Asiria fue fruto del pecado de Israel. Grado igual de idolatría, anarquía, tiranía, homicidio, adulterio, embriaguez, estafa, robo y otros graves pecados, nunca antes se había practicado en Israel. El conocimiento de Dios se había dado al olvido (4:1,6). Los sacerdotes daban ejemplo de desvergüenza (6:9). Los nuevos reyes conquistaban el trono asesinando a sus predecesores. En tales circunstancias, Oseas previno reiteradamente: "Haré cesar el reino de la casa de Israel."

Oseas fue para Israel un profeta plañidero, así como Jeremías lo fue para Judá. Sus tiernas súplicas parecían fluir en llanto que casi borraba las amenazas y acusaciones. El profeta ruega apasionadamente a Israel que se vuelva a Dios, asegurándole su perdón y favor, pero "Efraín es dado a ídolos", y el juicio divino a su tiempo se descargó con fuerza aplastante.

La ternura de Oseas lo caracterizó como profeta del amor. Su espíritu perdonador para con su infiel esposa fue adecuada ilustración del amor de Dios para con el voluntarioso Israel. Los tres primeros capítulos de Oseas contienen la narración personal de la desdichada relación marital de Oseas. Gomer fue la "esposa pródiga" de Oseas. Vez tras vez, llevada de la tentación, se prostituyó. Finalmente abandonó a su esposo y tres hijos. Se hundió cada vez más. Fue desechada como objeto de vergüenza, y finalmente fue ofrecida a la venta en el mercado de esclavos. Aún entonces el profeta la amó, la redimió de su esclavitud y nuevamente le dio un sitio en su hogar, donde estuvo desolada "muchos días".

Estos tres capítulos son a manera de resumen de todo el libro. Plantean la relación de Dios para con su pueblo y revelan su tierno amor a despecho de la rebelión e infidelidad de ellos. Mediante el dolor de su amor no correspondido, Oseas comprendió la pena de Dios por el adulterio espiritual de su pueblo. Oseas sabía del infinito amor que hacía a Dios ir voluntariamente tras Israel para reconquistar el amor y fidelidad del pueblo.

Las predicciones más notables de Oseas incluyen la caída de Samaria (5:5 - 7; 9:6 - 11; 10:5 - 8; 13:16); la liberación de Judá (1:7) tras la intercesión de Ezequías (2 R. 19:35); el castigo de Judá (5:10; 8:14); y la restauración definitiva de Israel y Judá (3:4,5). Este último pasaje es de la mayor significación. La nación escogida existe hoy sin rey, príncipe, sacerdote ni templo, pero, tan ciertamente como el pueblo de Dios se halla esparcido hoy entre las naciones, "volverán y buscarán a Jehová su Dios y a David su rey".

JOEL

Contenido: El día decisivo del Señor

Nación: Judá

Fecha: Escrito entre 810–795 a.C.

Autor: Joel

Bosquejo:
    I. Se requiere arrepentimiento, 1:1–2:17
        A. Juicio de las langostas, 1:1–20
        2. Juicio divino, 2:1–17
    II. Se prometen bendiciones, 2:18–3:21
        A. Prosperidad, 2:18–27
        B. El Espíritu Santo, 2:28–32 (cp. Hch. 2:16–21)
        C. Juicio de los gentiles, 3:1–16
        D. Restauración, 3:17–21

Lectura selecta: Joel

Se ha discutido mucho la fecha de Joel. No se menciona a Nínive ni Babilonia. Joel sí menciona a los fenicios, filisteos, edomitas y egipcios. Ha de haber escrito su profecía poco antes o poco después del período en que los imperios mundiales de Asiria y Caldea eraɲ supremos. La primera tesis ofrece menos dificultades. Joel sería entonces el primer profeta de Judá, y su ministerio habría comenzado poco después de los días de Elías y Eliseo. Habría así una sucesión de testimonios proféticos desde los negros días del reinado de Acab hasta el final de la existencia de Judá.

Más de la mitad de su profecía es una descripción de la devastación producida por la plaga de la langosta. En toda la literatura hay pocas descripciones que se le comparen. En tono solemne, el profeta habla de esta calamidad nacional, y llama al pueblo a enlutarse y humillarse. De modo especial se llama la atención a la destrucción de las viñas y árboles frutales (1:7). Luego se deduce que toda vida vegetal fue consumida: "Delante de él consumirá fuego, tras de él abrasará llama; como el huerto del Edén será la tierra delante de él, y detrás de él como desierto asolado; ni tampoco habrá quién de él escape" (2:3). Tan densas eran las nubes de insectos devastadores que el sol se obscureció y disminuyó la luz como durante un eclipse (2:2). La plaga vino acompañada de la sequía: " ¡Cómo gimieron las bestias! ¡Cuán turbados anduvieron los hatos de los bueyes, porque no tuvieron pastos!... Las bestias del campo bramarán también a tí, porque se secaron los arroyos de las aguas" (1:18,20).

Joel se valió del flagelo de los insectos y el castigo de la sequía para anunciar una ruina mucho más grande que ocurriría muchos años después. La plaga de las langostas en su forma de "oruga", "saltón", "revoltón", y "langostas" (1:4), quizá haya sido símbolo de las cuatro potencias mundiales: Babilonia, Persia, Grecia y Roma, que sucesivamente devastaron a Judá. Quizá el profeta haya predicho los acontecimientos anunciados en el libro de Apocalipsis, que emplea las langostas como símbolo de ejército devastador (Ap. 9:7 - 10).

La profecía del capítulo tres tiene particular interés. La reunión de las naciones en el valle de Josafat indudablemente se refiere al tiempo en que las naciones serán juzgadas por el trato que hayan dado al pueblo del pacto de Dios (v. Mt. 25:31 - 46). En vez de que las naciones conviertan las espadas en arados (Mi. 4:3; Is. 2:4), el profeta contempla un tiempo de guerra universal que precede al milenio de paz. Por tanto exclama: "Proclamad guerra, despertad a los valientes, acérquense, vengan todos los hombres de guerra. Forjad espadas de vuestros azadones, lanzas de vuestras hoces" (3:9 - 12).

Otros profetas se refieren a este gran juicio de las naciones gentiles (Is. 34:1 - 10; 63:1 - 4; Ez. 38:1—39:29; Zac. 14:1 - 7). En el Apocalipsis parece mencionarse con el nombre de Batalla de Armagedón (Ap. 16:13 - 16; 19:17 - 21). Joel también ve las perturbaciones celestes y el trastorno del sistema solar (Jl. 2:10,30,31; 3:15) que ponen fin al período de la gran tribulación y anuncian la segunda venida de Cristo.

Pero Joel habla de bendiciones así como de juicios. Pinta la prosperidad temporal cuando tras la sequía llegan las lluvias refrescantes y la tierra vuelve a ser productiva (2:23 - 27). Anuncia el especial derramamiento del Espíritu Santo (2:28,29), que después empleó Pedro como texto de su admirable sermón de Pentecostés (Hch. 2:16—21).

Finalmente, Joel describe la bendición milenaria cuando "Jehová rugirá desde Sion . . . la esperanza de su pueblo, y la fortaleza de los hijos de Israel" (3:16 - 21). La importancia y amplitud de las profecías de Joel se sugieren en 1:3: "De esto contaréis a vuestros hijos, y vuestros hijos a sus hijos."

AMOS, BOYERO Y PROFETA

Contenido: Profecías pastorales

Nación: Israel

Fecha: Escrito entre 785–750 a.C.

Autor: Amós

Bosquejo:

Lectura selecta: Amós

    Amós profetizó casi doscientos años después de Salomón y un siglo después de Elías. Era contemporáneo de Oseas, mayor que éste, pero de la generación siguiente a la de Isaías.

    Su profecía tiene fecha definida de dos años antes del terremoto de tiempos de Uzías, rey de Judá (Zac. 14:15), durante el reinado de Jeroboam II. Menos de cuarenta años después caería el Reino del Norte pero en vísperas del desastre alcanzó la más alta prosperidad de su historia. Estaba en paz con Siria. Asiria no había llegado aún a ser potencia formidable. Jeroboam II recuperó mucho del antiguo reino de David y Salomón. Sus conquistas incluyeron Damasco (2 R. 14:28), Siria (2 R. 13:5), Amón y Moab (Am. 1:13; 2:1 - 3), y aun partes de Judá.

La prosperidad que provino de ese prestigio nacional, resultó ruinosa. Los ricos se edificaron casas de verano y palacios de invierno hechos de marfil, donde se solazaban sobre almohadones de seda. Explotaban a los pobres (2:6; 3:15; 8:5,6). Reinaron idolatría y corrupción espantosas. La nación pareció olvidar que la idolatría siempre ha parado en vergüenza y calamidad desde que Jeroboam II inició el culto del becerro en Bet-el (1 R. 12:27-33).

Amós enderezó su profecía contra Bet-el (7:13). Esa no era la capital política, pero al parecer era la más grande y fuerte ciudad del norte. En ella hacían sus casas los sacerdotes y practicaban el costoso y vacío culto del "paganismo bautizado".

Amós inicia su profecía (1:2) con palabras de Joel 3:16, y la concluye con otra cita de la profecía de Joel. Esto sugiere que conocía al profeta que lo precedió. Su tema es que la nación es responsable por los pecados nacionales. Su drástica exhortación, "prepárate para venir al encuentro de tu Dios, oh Israel", la dirige a la nación que tantas veces había prometido fidelidad a Jehová.

Amós era pastor y fruticultor. Procedía de Tecoa, aldea situada unos 10 km. al sur de Belén. Aunque él era de Judá, su misión fue ante el Reino del Norte. No había sido educado en las escuelas proféticas. El Señor le ordenó abandonar su ganado, diciéndole: "Vé, y profetiza a mi pueblo Israel" (7:14,15).

Este profeta-agricultor procedente de una nación rival apareció en medio de una corte corrompida. Sus oyentes lo miraban con desconfianza. Pero con admirable tacto, Amós despertó el interés de ellos y se captó su atención denunciando primero a los enemigos de Israel. Comenzó por Siria, el odiado vecino de Israel (1:3-5). Proclamó juicio contra los enemigos ancestrales de Israel: Filistea (1:6-8) y Tiro (1:9,10). Luego el profeta se fue acercando al propio Israel al denunciar a Edom (1:11,12), Amón (1:13-15), y Moab (2:1-3), que eran parientes cercanos de éste. Sus oyentes han de haber quedado estupefactos cuando el rústico vidente enderezó su verbo de fuego contra su propio pueblo, Judá (2:4,5), quizá el más odiado de los enemigos de Israel. Luego, como culminación, concentró su ataque sobre el propio Israel: "Por tres pecados de Gaza, y por el cuarto, no revocaré su castigo" (2:6).

Este campesino levantó el cascarón de la prosperidad temporal y puso al desnudo la íntima debilidad y la descomposición nacionales que clamaban por castigo. Tras exponer los negocios del estado (2:6—4:3), Amós denunció su religión apóstata (4:4—6:14), cuyo centro era Bet-el. Su nota dominante era la justicia, necesaria para la seguridad de la nación (Pr. 14:34) y para la estabilidad de la religión. Donde faltaba la justicia, ni montañas de ritos podrían jamás apartar el juicio inminente.

Sabedor de que su llamado a la justicia sería menospreciado, rápidamente el profeta los fulmina con un pronunciamiento de juicio. Mencionó el cautiverio venidero de Israel (5:27; 6:14; 7:9; 9:4). Mediante cinco ilustraciones presentó vívidamente la sentencia de la nación. La primera fue la plaga de langostas (7:1-3); la segunda, el fuego que consume a la nación (7:4-6). De ambas los libró la oración del profeta. Vino luego la visión de la plomada, prueba a la que Dios somete el edificio de la nación, tan basta y débilmente construido que no pudo tenerse en pie (7:7-9). La visión del cesto de fruta veraniega (8) reveló la podredumbre de la nación que había repudiado la Palabra de Dios y proclamó el hambre, no de pan y agua, sino "de oir la palabra de Dios". En la última visión, reveló lo inútil de cualquier huida de la venganza de Dios (9:1-10), "aunque cavasen hasta el Seol, de allá los tomará mi mano; y aunque subieren hasta el cielo, de allá los haré descender" (9:2).

Estas visiones deberían de haber conmovido a sus oyentes aun más que la denuncia directa de sus pecados. En medio de sus discursos, lo interrumpió Amasías, sacerdote de Bet-el, quien le ordenó que huyera a su propio país y profetizara allá (7:12). Amós declaró modestamente: "No soy profeta, ni soy hijo de profeta, sino que soy boyero, y recojo higos silvestres. Y Jehová me tomó de detrás del ganado, y me dijo: Vé y profetiza a mi pueblo Israel" (7:14-16).

Pero no se dejó intimidar. Su fe y valentía alcanzaron alturas sublimes cuando declaró: "Si el león ruge, ¿quién no temerá? Si habla Jehová el Señor, ¿quién no profetizará?" Tras estas valientes palabras anunció que Amasías habría de ver el día en que sería exiliado, sus hijos muertos, y su esposa convertida en ramera (7:16,17).

Como todo profeta verdadero, Amós no dejó a sus oyentes sumidos en la desesperación. Reveló la gloria de un nuevo día. En las últimas palabras de su discurso declaró que Dios liberaría del cautiverio a su pueblo, y añadió: "Los plantaré sobre su tierra, y nunca más serán arrancados de su tierra" (9:11-15; cp. Hch. 15:15-17).

El estilo de Amós es claro, directo y poderoso. Su lenguaje es incisivo pero no siempre elegante. Sus palabras se adaptaban a la naturaleza de su mensaje. Tomaba sus figuras del lenguaje de la vida que mejor conocía. Escandalizó a la culta sociedad de Bet-el comparándola con las vacas. Decía la verdad tal como la entendía.

Su lenguaje era pastoril; su imaginación, aguda y práctica. En sus palabras y alusiones muestra conocer el libro de Deuteronomio (Am. 2:10; 4:6-10,11; 5:11; Dt. 29:5; 28:22, 27,60; 29:23; 28:30).

MIQUEAS, REFORMADOR EN DIAS TURBULENTOS

Contenido: Profecía de paz universal

Nación: Primordialmente Israel

Fecha: Escrito entre 751–693 a.C.

Autor: Miqueas

Bosquejo:
  I. Juicio por el pecado, 1–3
    A. Samaria, 1:6-8
    B. Judá, 1:9–2:13
    C. Príncipes y profetas, 3
  II. Profecía de salvación, 4,5
    A. Paz universal, 4
    B. El Príncipe de Paz, 5
  III. Controversia del pacto, 6,7
    A. Profeta, 6:1,2; Dios, 6:3-5; Pueblo, 6:6,7
    B. Profeta, 6:8,9; Dios, 6:10-16; Pueblo, 7:1-10
    C. Profeta, 7:11-13; Pueblo, 7:14; Dios, 7:15
    D. Profeta, 7:16,17; Pueblo, 7:18-20

Lectura selecta: Miqueas

Miqueas es el único de los Profetas Menores que dirigió sus mensajes tanto a Israel como a Judá (1:1,5). Su discurso es breve, pero contiene una de las profecías más importantes del Antiguo Testamento (5:2), una amplia descripción del Mesías, su naturaleza, reino y obra.

Miqueas era de Moreset-gat en Filistea, poco más de 30 km. al oeste de Jerusalén (1:14). Jeremías menciona a Miqueas como valiente y fiel testigo, y dice que Judá escuchó su voz y se arrepintió (Jer. 26:18,19).

Miqueas profetizó unos cuantos años después de Amós y Oseas, durante los reinados de Jotam, Acaz y Ezequías, pero antes de la caída de Samaria (722 a.C.). Fue contemporáneo de Isaías, quien era hombre de ciudad, educado en Jerusalén, probablemente en un hogar rico y refinado. Miqueas nació en una aldea humilde y probablemente murió pobre, como había vivido.

Isaías estaba dotado de una amplia perspectiva y gran simpatía, de modo que sabía interpretar la política mundial. Miqueas, por el contrario, se limitó en gran parte a examinar a Judá e Israel. Isaías se dirigió a la nación como conjunto, especialmente al pueblo de la ciudad. Miqueas vio el mal en su propia clase, el pueblo común.

En su profecía inicial, Miqueas mencionó por lo menos diez ciudades y aldeas cercanas a la suya, y les previno sobre calamidades que sobrevendrían. El significado de los nombres de esos pueblos acentúa el efecto de su poesía. Gat (1:10) significa "pueblo del llanto"; Bet-le-afra (1:10), "casa de polvo"; Safir (1:11), "lindo pueblo". Estos versículos podrían traducirse: "No llores, pueblo del llanto; casa de polvo, revuélcate en el polvo; pueblo lindo, vé al cautiverio con tu belleza avergonzada." Durante algún tiempo predice sobre su pueblo y los alrededores; pero Samaria y Jerusalén constituyen los temas principales de sus palabras. Predijo la invasión de Salmanasar (1:6-8), Senaquerib (1:9—16), la dispersión de Israel (5:7,8), la cesación de la profecía (3:6,7), la total destrucción de Jerusalén (3:12) y algunos acontecimientos del futuro más lejano.

El primer capítulo es el enjuiciamiento que Miqueas hace de la casa de Israel por sus pecados y por haber contaminado a Judá y Jerusalén. El segundo y tercer capítulos son una lista de detalles en apoyo de su acusación general. La mayor denuncia del profeta fue contra el pecado de opresión, del cual señala como principales culpables a los ricos ociosos. La prosperidad forjada en los largos años de paz bajo Uzías, había creado una clase de nuevos ricos que, envanecidos por su nueva fortuna, codiciaban aún mayores ganancias. Estos ricos explotadores no habrían podido oprimir al pueblo de no haber estado protegidos en sus crímenes por los gobernantes, a quienes Dios había instituido para defender los derechos del pobre.

El profeta comparó esa explotación del pobre con una fiesta caníbal (3:2,3). Luego Miqueas señaló al falso profeta que se ocultaba tras los ricos y los políticos corrompidos (3:5-8). Como vivían a expensas de los ricos ociosos y se beneficiaban del favor del gobierno depravado, los falsos profetas justificaban por paga a los malvados, disimulaban sus vicios y participaban en sus fiestas canibalescas.

Tras proclamar el juicio contra Israel y Judá y acusar a los malvados, el profeta habló de un día más luminoso y mejor. Describió la dorada edad de una paz perpetua en que todas las naciones de la tierra participarán, cuando cada hombre reposará bajo su propia vid e higuera, sin temer la opresión ni la pérdida de sus bienes (4:1-4; cp. Is. 2:2-4). Estos versículos suelen citarse hoy día en apoyo de la paz universal, sin reparar que "él" que aquí se menciona es el Príncipe de Paz, que ha de ser entronizado en Jerusalén antes que el milenio de paz pueda ser realidad (Sal 72; Zac. 14:9).

La gran profecía mesiánica de Miqueas predice el sitio donde habría de nacer nuestro Señor. Pronunciada 700 años antes de nacer el Mesías, es una de las cuatro grandes profecías relativas a este acontecimiento. La profecía de Silo de Génesis 49:10 señala la *tribu* de Judá. La profecía de Natán en 2 Samuel 7:26 revela la *casa* de David. La visión de las setenta semanas de Daniel 9:25 anuncia el *tiempo*. Miqueas 5:2 descubre el *lugar*, Belén. Esta profecía fue la respuesta que se le dio a Herodes cuando éste preguntó dónde habría de nacer el Cristo (Mt. 2:3-6).

La última porción de Miqueas presenta la controversia de Dios con su pueblo. Isaías y Amós presentaron a Dios en controversia con su pueblo por causa del pecado de ellos. Miqueas lo presenta en controversia con ellos por su culto religioso formal y falto de amor, que a la vista de Dios es pecado.

Con los montes y collados (6:1) por testigos, Dios recuenta sus bondades para con Israel en el pasado (6:3-5). Su ruego debería haberles conmovido el corazón. ¿Qué mayor prueba de amor y longanimidad podría darse? Los había redimido de servidumbre (6:4), defendido de sus enemigos (6:5), y había acudido a toda necesidad de ellos. Dios pedía que le correspondieran con amor y compañerismo, y no con costosos e inhumanos sacrificios (6:6,7). El clímax de esta controversia es el versículo 8, que algunos comentadores consideran como el más excelso versículo del Antiguo Testamento.

El capítulo final es especialmente impresionante: es un monólogo de arrepentimiento de Israel. Por lo menos algunos de entre el pueblo confesaron y lamentaron su pecaminosa condición (7:1-6) y expresaron confianza en el favor de Dios que se manifestaba de nuevo (7:18-20). Pocos versículos en la Biblia expresan mejor una tranquila confianza y esperanza que estas bendiciones prometidas, aparejadas al regreso de Israel a su tierra y su ruego de perdón. Hay en Miqueas una notable profecía respecto a las capitales de Israel y Judá. Tanto Samaria como Jerusalén florecían por aquel tiempo. Parecía imposible que tuvieran el desdichado fin predicho para ellas. De la capital del Reino del Norte dijo el profeta en nombre del Señor: "Haré de Samaria montones de ruina, y tierra para plantar viñas", y "derramaré sus piedras por el valle, y descubriré sus cimientos."

Hoy día, sólo quedan los cimientos de la antigua capital, y las piedras que no han sido recogidas en montones están "derramadas por el valle". Respecto a Jerusalén dijo el profeta que el monte de Sion sería "arado como un campo". Igual que muchas ciudades antiguas, Jerusalén ha sido sitiada vez tras vez. El ejército caldeo "derribó los muros alrededor de Jerusalén" (2 R. 25:10), y cuando los ejércitos romanos desolaron la ciudad, derribaron casi todos los muros. Los muros actuales fueron construidos por el Sultán Solimán, y el monte de Sion, la ciudad de David, fue excluida del área que él amuralló. Nunca ha sido incluida en posteriores reconstrucciones. Es cierto al pie de la letra que una parte de la antigua Jerusalén es campo arado.

PREGUNTAS POSIBLES PARA REPASO

1. ¿Qué razón hay para dividir los profetas en Mayores y Menores?

2. Explique la relativa brevedad de los escritos de Oseas, considerando su largo ministerio.

3. ¿Qué tragedia doméstica ayudó al profeta a comprender el amor de Dios hacia Israel no obstante la infidelidad de éste?

4. ¿Qué prueba interna indica que Joel fue uno de los primeros profetas de Judá?

5. Explique el futuro significado de la plaga de las langostas en Joel.

6. ¿Qué profecía de Joel revela un tiempo de guerra mundial?

7. ¿Cuál es el principal tema de Amós?

8. ¿Cuándo profetizó Amós y respecto a qué nación?

9. ¿Cuál fue el notable tacto de Amós para hacerse oír?

10. ¿Qué gran profecía respecto al Señor Jesús pronunció Miqueas?

11. Compare y contraste el profeta Miqueas con Isaías.

12. ¿Qué notables profecías ahora cumplidas hizo Miqueas respecto a Samaria y Jerusalén?

EXPLORACION ADICIONAL

1. Dé un breve resumen biográfico de cada uno de los cuatro profetas. Compare y contraste la personalidad de ellos. Haga lo mismo con sus mensajes.

2. Anote el simbolismo del libro de Oseas mediante el cual Dios representa al pecado. Observe los métodos que los actuales ministros del evangelio emplean para retratar el pecado y sus consecuencias.

3. Anote las citas de Oseas y Joel que dan esperanza a los reincidentes.

4. Anote las visiones de Amós con su significado evidente. ¿Cuál es su importancia actual? Compare y contraste estas visiones con otras estudiadas hasta aquí.

5. Vuelva a leer el libro de Amós para observar el papel del profeta como reformador social. ¿Hasta dónde debe el cristianismo participar en los movimientos de reforma social?

6. ¿Cuál fue la base de la controversia entre Dios y su pueblo (Mi. 6,7)? Indique la defensa del pueblo. ¿Cómo respondió Dios? ¿Qué revela esta dramática acusación respecto a la naturaleza de Dios?

7. De lo estudiado hasta aquí, justifique el dicho de que la educación, la legislación y la reforma social no bastan para salvar al mundo.

NOTAS DE ESTUDIOS

_____

_____

_____

_____

_____

_____

_____

_____

_____

_____

_____

_____

_____

_____

_____

_____

_____

_____

_____

_____

_____

_____

_____

_____

_____

_____

CAPITULO 11

Jonás, Nahum, Habacuc, Abdías

JONAS

Misión a Nínive

Contenido: Profecías de misericordia hacia los gentiles

Nación: Nínive

Fecha: Escrito entre 820–785 a.C.

Autor: Jonás

Bosquejo:
  I. El llamamiento, 1
     A. Desobediencia, vv. 1 - 11
     B. Castigo, vv. 12 - 17
  II. Oración, 2
  III. Predicación, 3
     A. Nínive prevenida, vv. 1 - 4
     B. Nínive arrepentida, vv. 5 - 10
  IV. Exclusivismo, 4
     A. La calabaza, vv. 1 - 9
     B. Misericordia de Dios, vv. 10,11

Lectura selecta: Jonás

Dios ordenó a Eliseo que ungiera a Hazael por rey de Siria. Eliseo lloró pues sabía que Hazael había sido comisionado por Dios para afligir a Israel y arrebatarle gran parte de territorio (2 R. 8:12; 10:32; 13:22). Pero gran parte de esa tierra fue después reconquistada durante el poderoso y próspero reinado de Jeroboam II. Este importante hecho fue previamente anunciado por Jonás (2 R. 14:25), probablemente durante el reinado de Josías, predecesor de Jeroboam II. Eliseo estuvo muy relacionado con Joás y murió durante su reinado (2 R. 13:14). De modo que bien

101

puede que Jonás haya sido el primero de los profetas que escribieron, y siguió muy de cerca a Eliseo, el más eminente de los profetas.

Aunque Jonás fue profeta ante Israel, su mensaje escrito se refiere a Nínive. A pesar del engrandecimiento y prosperidad de Israel bajo Jeroboam II, las conquistas y crecimiento de Asiria la convertían en temible contrincante. Nínive, la capital del imperio, era una de las ciudades más antiguas, grandes y fuertes de aquel tiempo. Fue fundada por Nimrod (Gn. 10:11), tenía unos 140 km. de circunferencia y una población aproximada de 600.000 almas. Era una "ciudad jardín" que abarcaba huertos y pastos que suministraban alimentos a hombres y animales. Sus murallas, construidas por Senaquerib, medían de doce a quince metros de altura y se extendían unos cuatro kilómetros paralelamente al río Tigris y más de doce kilómetros en torno al centro de la ciudad.

Jonás fue el único profeta que trató de ocultar su mensaje. En Jonás 4:2 revela por qué. La conservación de Nínive significaba que con el tiempo Israel sería conquistado y destruido. El amor a su patria y el odio a la idolatría le hacían desagradable esta misión. No le gustaba el plan de Dios para salvar a una nación gentil, y por eso Dios tuvo que valerse de un milagro para obligarlo a obedecer. El cuadro del profeta que protesta y se enoja al contemplar la ciudad arrepentida, contrasta con nuestro bondadoso Señor, que lloró por sus enemigos en Jerusalén (Lc. 19:41).

El mayor resultado de la profecía de Jonás fue el arrepentimiento de aquella ciudad pagana. Fue una lección práctica para Israel. No obstante el conocimiento que Israel tenía del único Dios verdadero; no obstante los muchos favores, bendiciones, liberaciones e interposiciones en pro de ella, la nación estaba sumida en la idolatría. Los profetas anunciaban el juicio, pero el descarriado Israel se hacía el sordo. Entonces Dios envió un profeta a una nación pagana, que con sólo una vez que se le proclamara el juicio iba a arrepentirse de su maldad.

Así como Israel había rechazado a los profetas de Dios, después rechazó al unigénito Hijo de Dios. Aludiendo a esto, Cristo declaró que "los hombres de Nínive se levantarán en el juicio con esta generación, y la condenarán; porque ellos se arrepintieron a la predicación de Jonás, y he aquí más que Jonás en este lugar" (Mt. 12:41).

La referencia que Cristo hace de Jonás es una de las mayores pruebas de la veracidad de dicha narración. El empleo que hace del tiempo que Jonás pasó dentro del gran pez, como señal del número de días que Cristo pasaría en la tumba, demuestra la historicidad de lo sucedido a Jonás (Mt. 12:40). Sería inconcebible que Jesús empleara un "mito" como símbolo de su sepultura y resurrección. Tanto los judíos como los discípulos aceptaron la experiencia de Jonás como un hecho. No hay en los Evangelios prueba más concluyente. No obstante, les costó creer en la resurrección de Cristo.

Jonás fue símbolo de la sepultura y resurrección de nuestro Señor. También prefiguró la historia del pueblo judío. Oseas tenía presente la sepultura de Israel cuando escribió: "Nos dará vida después de dos días; en el tercer día nos resucitará, y viviremos delante de él" (Os. 6:2).

NAHUM

Contenido: Sentencia contra el reino asirio (Destino de Nínive)

Nación: Nínive

Fecha: Escrito entre 661–612 a.C.

Autor: Nahum

Bosquejo:
    I. Sentencia de Nínive, 1
        A. Poder de Dios, vv. 3 - 6
        B. Justicia de Dios, vv. 7 - 14
        C. Obediencia y paz, v. 15
   II. Ataque contra Nínive, 2
        A. Asedio, vv. 1 - 5
        B. Rendición, vv. 6 - 13
  III. Ruina de Nínive, 3
        A. Provocación, vv. 1 - 4
        B. Humillación, vv. 5 - 15
        C. Desolación, vv. 16 - 19

Lectura selecta: Nahum

Cuatro de los Profetas Menores presentaron mensajes relativos a naciones gentiles. Jonás fue a Nínive a proclamar el juicio inminente. Los otros no visitaron las ciudades ni prepararon sus escritos para los pueblos a quienes escribieron. Sus profecías se registraron expresamente para el pueblo elegido de Dios, para demostrar que sólo el Dios de Israel podía predecir el futuro e historia de ellos, así como el intempestivo fin de sus enemigos. Estas profecías revelaban con pasmosa exactitud y realidad dos hechos: el pueblo del pacto había de ser castigado, pero las naciones empleadas por Dios para este propósito serían destruidas.

El libro de Nahum es continuación de Jonás. Ambos libros son partes relacionadas de la misma historia moral. Jonás registra el arrepentimiento de Nínive. Nahum predice su destrucción. La catástrofe es tan tremenda que la atención del profeta no se fija en el destino de ninguna otra nación.

En la época de la profecía de Nahum, Nínive era muy conocida desde hacía varios siglos. Desde el siglo VIII ya era una de las ciudades más importantes del reino asirio. Aunque después de la advertencia de Jonás evitó la destrucción inmediata, Nahum presenta ahora un fuerte mensaje de sentencia inminente.

"Nahum" significa consolación. Esta profecía relativa a la caída de Nínive era una noticia alentadora para los habitantes de Jerusalén. Asiria había sido el odiado enemigo y opresor de Israel y Judá durante casi dos siglos. No sin razón repugnaba a Jonás llevar el mensaje de salvación a Nínive. Sus reyes eran crueles. A sus cautivos los mutilaban horriblemente. Eran más agresivos, idólatras, malvados y temibles que cualquiera otra nación de la historia.

En tiempos de la profecía de Nahum, Asiria estaba en la cumbre del poder internacional. Tiglat-pileser III había dado al traste con el gobierno sirio y conquistado a Damasco en 732 a.C. Diez años después, el Reino del Norte capituló ante Salmanasar V, con la caída de Samaria. Sargón II (721—705 a.C.) y Senaquerib (705—681 a.C.) dominaron la mayor parte del sur de Palestina. Esar-hadón penetró hasta Egipto mientras Asurbanipal (663—633 a.C.) saqueó a Tebas (conocida también por No, o No-Amón, Nah. 3:8) en 661 a.C. Fue probablemente poco después de caída Tebas que Nahum predijo el destino de Asiria.

Las predicciones de Nahum respecto al juicio inminente parecían tan imposibles, que él recordó al pueblo el desastre de Tebas (3:8-10), que hacía poco había sido destruida por Asurbanipal. Nínive también estaba muy fortificada. Sus colosales murallas eran tan gruesas que por sobre ellas podían correr seis carros uno a la par del otro.

La caída del imperio asirio fue súbita y sorprendente. Fue obra de la revuelta combinada de medos y babilonios contra el voluptuoso tirano que por entonces ocupaba el trono asirio. El asedio de Nínive duró dos años, pero sus habitantes no veían por qué inquietarse por su seguridad. Luego una extraordinaria creciente del río Tigris derribó una gran sección de los inexpugnables muros tras los cuales estaban los asirios confiados y seguros. El ejército aliado entró por la brecha y completó la ruina de la ciudad.

En la historia constan todos estos hechos, los cuales son proféticamente y dramáticamente pintados por Nahum, inspirado por el Espíritu Santo.

En su capítulo inicial, Nahum presenta la majestad de Dios, soberano y omnipotente rey de la naturaleza. A los malvados se les permite la vida sólo porque Dios es lento para la ira, pero a su tiempo se desatará la venganza de un Dios celoso. Asiria había llevado la tribulación a Jerusalén en días de Ezequías, pero Nahum osadamente le asegura a su pueblo que no tienen por qué temer ser de nuevo afligidos por Nínive (1:12,13). El juicio venidero será definitivo.

Para Judá, la caída de Nínive significa alivio de la opresión. La buena noticia de que se verán libres del temor constituye una amonestación a renovar su fervor religioso (1:15).

En el segundo capítulo el profeta describe el sitio, captura, despojo y aniquilamiento de la gran capital asiria. Muestra los uniformes escarlatas y los escudos rojos del ejército caldeo (2:3,4) que marchaban al ataque mientras Sin-sar-iskum, rey de Nínive, juntaba en vano sus tropas para la defensa (2:5). "Con inundación impetuosa consumirá a sus adversarios, y tinieblas perseguirán a sus enemigos" (1:8); "Las puertas de los ríos se abrirán, y el palacio será destruido" (2:6). Cuenta la historia que después que el río derribó las puertas que hacia él daban, Sin-sar-iskum comprendió que la ciudad estaba perdida. Se retiró a su palacio, le prendió fuego y murió entre las llamas. Entre las ruinas de la ciudad se han hallado muchos objetos valiosos, pero ninguno de oro o plata. Esto muestra lo bien que los caldeos cumplieron la profecía: "Saquead plata, saquead oro" (2:9).

La última parte del capítulo (2:10-13) cuenta la total extinción de Nínive. Que una ciudad tan antigua y grande desapareciera hasta el punto de que haya incertidumbre respecto a dónde estuvo ubicada, provoca hoy casi tanto asombro como cuando por primera vez se proclamó la profecía.

En la profecía de Nahum se revelan dos enseñanzas sobresalientes. Primera, la fidelidad de Dios para con su pueblo. Segunda, por grande que sea su paciencia frente a sus enemigos, día vendrá en que su ira será tanto más terrible cuanto más grande haya sido esa paciencia.

HABACUC

Contenido: Sentencia del reino caldeo y cómo lo usó Dios
Nación: Babilonia

Fecha: Escrito entre 612–598 a.C.

Autor: Habacuc

Bosquejo:
   I. Primera queja, 1:1-11
       A. Problema: el poder del mal, vv. 1-4
       B. Solución: supremacía caldea, vv. 5-11
  II. Segunda queja, 1:12-2:20
       A. Problema: permanencia del mal, 1:12-17
       B. Solución: destrucción de los caldeos, 2
 III. Oración de alabanza, 3
       A. Poder de Dios, vv. 1-16
       B. Fe en Dios, vv. 17-19

Lectura selecta: Habacuc

Nínive cayó alrededor de 612 a.C. Probablemente después que se cumplió la profecía de Nahum, Habacuc reveló su visión de la caída del reino babilónico. Los asirios habían desaparecido y el reino caldeo iba hacia el triunfo. Los caldeos, no los asirios, con el tiempo conquistarían a Judá, y la profecía de Habacuc se dio cuando el tambaleante Reino del Sur había reconocido el inminente peligro del nuevo conquistador mundial. Ya Nabucodonosor había llevado cautivos a Daniel y muchos nobles de Jerusalén (605 a.C.), y tras esa deportación vendría la segunda, en 597 a.C. La destrucción final de la ciudad fue en 586 a.C. La descripción de Habacuc parece aludir a las tres.

Como Job, Habacuc habló de la aflicción. Escribió con emoción comparable a la de Jeremías. Proféticamente vio a los caldeos invadir su patria, acabar con el templo y el culto sagrado, devastar la tierra y desterrar al pueblo. Esa visión amargó profundamente su sensible corazón. Su profecía está llena de mofa, burla y desolación, pero no carece de esperanza. Su libro contiene todas las glorias y excelencias de la profecía poética. Se inicia con un cuadro animado: la marcha de un conquistador, y termina con otro: un sublime cántico de esperanza y oración.

El profeta escribe en forma de diálogo entre él y Dios. El se queja primero de que se haya permitido a los caldeos paganos afligir a los hijos de Dios. En su respuesta, Dios indica su propósito de valerse de los caldeos para disciplinar a Judá por su vergonzosa idolatría y opresión. La queja de Habacuc respecto a la permanencia del mal tiene por respuesta la completa destrucción del poder caldeo. Caldea era un instrumento en manos de Dios, pero no podía escapar al juicio sobre sus propios pecados. Dichos pecados se enumeran: sed de imperio (2:5,6); sed de riquezas (2:9,11); sed de magnificencia (2:12); sed de vicio (2:15); y apego a la idolatría (2:19). La declaración (2:4,5) y castigo (1:11) del orgullo de Nabucodonosor (Dn. 4), al caer en la enajenación mental, también se predicen. Las profecías de Habacuc se cumplieron unos setenta años después con la caída de Babilonia.

El libro de Habacuc contiene varios pasajes conocidos. "El justo por su fe vivirá" (2:4) es citado por Pablo en Romanos 1:17, Gálatas 3:11 y Hebreos 10:38. La gran profecía de que "la tierra será llena del conocimiento de la gloria de Jehová, como las aguas cubren el mar" (2:14) se repite aquí por quinta vez. Los otros pasajes son Números 14:21; Salmo 72:19; Isaías 6:3; 11:9. Probablemente no haya cita bíblica más frecuentemente usada para el culto público que el último versículo del capítulo dos: "Jehová está en su santo templo; calle delante de él toda la tierra." En muchos himnos y oraciones se ha repetido la petición de Habacuc: "Oh Jehová, aviva tu obra" (3:2). A despecho de la devastación, desolación y tremendo dolor, el libro concluye con el sublime clímax: "Yo me alegraré en Jehová, y me gozaré en el Dios de mi salvación."

ABDIAS

Contenido: Orgullo y caída de Edom

Nación: Edom

Fecha: Escrito entre 586–583 a.C.

Bosquejo:

    I. Castigo de Edom, vv. 1 - 9

    II. Culpa de Edom, vv. 10 - 14

    III. Culpa de las naciones paganas, vv. 15,16

    IV. Restauración de Israel, vv. 17 - 21

Lectura selecta: Abdías

Abdías es el libro más corto del Antiguo Testamento. Se escribió exclusivamente para Edom, la nación extranjera que, excepto Babilonia, es la más mencionada en las escrituras proféticas. Constan más de veinte predicciones respecto a Edom. Además de Abdías, las principales están en Isaías 34 y 63; Jeremías 49; Ezequiel 35.

Abdías fue escrito después que Jerusalén quedó abandonada, su templo destruido y eliminado todo medio de restauración. Desde sus sitios fortificados en lugares rocosos, los edomitas se alegraban al ver que esas desgracias sobrevenían a sus vecinos, y no tenían aprensión alguna en cuanto a su propia seguridad (11-14).

Los edomitas no sufrieron inmediatamente por las operaciones caldeas en Siria, Palestina y Egipto. Mediante su oportuna sumisión, se captaron el favor temporal de Nabucodonosor. Cuando éste invadió a Judá, se les menciona como auxiliares voluntarios. Se les representa triunfantes, con demoníaca malignidad, sobre las ruinas de un pueblo de su propia raza en el reparto de cuyas tierras pensaban participar.

Ese malévolo espíritu ponía de manifiesto la antigua rivalidad entre Esaú y Jacob y su descendencia: las dos naciones hostiles de Edom e Israel. Los edomitas odiaban a Israel porque Dios había dado prosperidad a esa nación en contraste con Edom. Cuando Israel iba rumbo a su heredad prometida, Edom le negó el paso por sus tierras (Nm. 20:14-21). Desde entonces, se mostraban vengativos contra Israel. Su conducta hacia el pueblo elegido de Dios los hizo reos del juicio divino, a despecho de sus alianzas y montañosas defensas naturales.

Abdías advirtió a Edom que la retribución se acercaba (15). La profecía de Malaquías, 150 años después, muestra que Edom había sido echado "de sus montes" pero que había regresado "a edificar lo arruinado" sólo para ser completamente vencido más adelante (Mal. 1:3-5). Ezequiel, que escribió al mismo tiempo que Abdías, acusó a Edom de enemistad perpetua, depredación y homicidio contra los fugitivos de Judá (Ez. 35:5). Por eso se les menciona como "pueblo contra el cual Jehová está indignado para siempre" (Mal. 1:4).

No hay ruinas más impresionantes que las de Edom. En un área reducida hay treinta ciudades arruinadas, absolutamente desiertas. La ciudad de Petra, excavada en la roca sólida, es reliquia de una metrópoli inmensamente fuerte y una de las maravillas del mundo. "La soberbia de tu corazón te ha engañado, tú que moras en las hendiduras de las peñas, en tu altísima morada; que dices en tu corazón: ¿Quién me derribará a tierra? " (3). Durante siglos después de escritas estas palabras, Edom fue próspero y populoso. Continuó así aún durante el tiempo de Cristo. El rey Herodes, que trató de destruir al recién nacido Rey de los judíos, era edomita, y su brutal matanza de los inocentes (Mt. 2:16) fue característica de la raza que representaba. En 636 d.C., los mahometanos conquistaron el territorio, y la nación finalmente cayó en la espantosa desolación que había sido predicha.

Abdías, igual que Nahum y Habacuc, concluyó su profecía

hablando de la futura restauración de Israel, y cuidadosamente destacó que poseerían la tierra de Esaú (19).

PREGUNTAS POSIBLES PARA REPASO

1. Dé dos razones por las cuales Jonás trató de ocultar su mensaje.
2. ¿Qué importancia tiene la alusión de Jesús a lo experimentado por Jonás?
3. ¿En qué se parece la experiencia de Jonás a la profecía de Oseas respecto a Israel (v. Os. 6:2)?
4. Compare al profeta Nahum con Jonás.
5. En tiempos de la profecía de Nahum, ¿hasta dónde había extendido Asiria su dominio en Egipto?
6. ¿Cómo fue finalmente tomada Nínive?
7. ¿Qué problema fundamental se revela en el diálogo entre Habacuc y Dios?
8. Compare al profeta Habacuc con Jeremías.
9. Cite algunos de los conocidos pasajes de Habacuc.
10. ¿Qué hay que saber sobre los edomitas para comprender a Abdías?
11. ¿Qué otros profetas escribieron acerca de Edom?
12. Describa cómo las ruinas de Edom cumplen la profecía.

EXPLORACION ADICIONAL

1. Vuelva a leer el libro de Jonás como si fuera por primera vez. Anote toda frase descriptiva que (a) ayude a entender la personalidad de Jonás y su condición espiritual; (b) indique el carácter y actividad de Dios.
   Relate una experiencia de alguno de sus conocidos cristianos en que haya una actitud semejante a la de Jonás.
   Relate alguna experiencia reciente en que usted haya descubierto pruebas definidas de la mano de Dios cumpliendo un propósito divino.
2. De lo descubierto en el proyecto uno, formule cinco principios espirituales que debieran ser regla para el cristiano.
3. Vuelva a leer el libro de Nahum y anote los atributos de Dios que lo caracterizan como juez justo. ¿Cómo se mani-

fiestan esos atributos en la ejecución de su juicio (caps. 2,3)?

4. Anote tres problemas que azotan a la humanidad actual y que podrían movernos a pensar como Habacuc. Sugiera soluciones bíblicas.

5. Sin ayuda de comentarios, vuelva a leer el libro de Abdías y busque el propósito básico del mensaje del profeta. ¿Qué indicación de consuelo se descubre? ¿Qué elementos de la profecía están aún por cumplirse?

6. De lo estudiado hasta aquí, armonice el amor de Dios con sus castigos.

CAPITULO 12

Sofonías, Hageo, Zacarías, Malaquías

INTRODUCCION

Cambios internacionales de enorme importancia para el reino de Judá se produjeron entre 650–600 a.C. El gran imperio asirio, que había extendido su dominio militar hasta la lejana Tebas, unos 800 km. Nilo arriba, se desintegró al caer Nínive en 612 a.C. Babilonia, al mando de Nabopolasar (625–605 a.C.) y Nabucodonosor (605–562 a.C.), a su tiempo conquistó a Judá y finalmente dio fin a la condición de reino de ésta con la destrucción de Jerusalén en 586.

Durante este período de tribulación y angustia, Judá contó con la bendición de un rey piadoso y una cantidad de profetas. Josías, que dirigió al pueblo en las reformas religiosas, gobernó de 640 a 609 a.C. Jeremías probablemente inició su ministerio alrededor de 627 a.C. y vivió hasta después de la caída de Jerusalén. Muerto Josías, el reino de Judá declinó rápidamente bajo reyes impíos que menospreciaron y desafiaron la fiel amonestación de Jeremías. Por consiguiente, el juicio de Dios sobrevino mediante el cautiverio babilónico.

SOFONIAS

Contenido: Día de ira y bendición

Nación: Judá

Fecha: Escrito entre 638–608 a.C.

Autor: Sofonías

Bosquejo:
    I. El juicio que vendrá, 1
        A. Juicio de Judá, vv. 1 - 13
        B. Día de ira, vv. 14 - 18

Lectura selecta: Sofonías

Sofonías probablemente estuvo activo durante el comienzo del reinado de Josías. En 640 a.C., cuando contaba ocho años de edad, Josías fue llevado repentinamente al trono davídico en Jerusalén. Pronto comenzó a buscar a Dios e inició reformas religiosas por ahí de 628 a.C. Muerto Asurbanipal en 633 a.C., la influencia asiria decreció, de modo que Josías pudo intentar limpiar a Judá de idolatría y cultos foráneos sin temor a la injerencia extranjera. Bien puede que Sofonías haya ejercido cierta influencia sobre Josías y los líderes de Judá mediante el estímulo a las amplias reformas religiosas.

El trágico fin de Israel tuvo efecto saludable sobre Judá durante el reinado de Ezequías únicamente. Bajo Manasés y Amón sus pecados no tuvieron límite, y cuando Josías llegó al trono, el reino estaba moral y espiritualmente degenerado. Las grandes reformas de Josías no se habían iniciado cuando Sofonías comenzó su ministerio, de modo que su mensaje ha de haber alentado al rey y movido el pueblo al arrepentimiento. El estado de degeneración e indiferencia moral se manifiesta en expresiones como "Jehová ni hará bien ni hará mal" (1:12); "Sus príncipes en medio de ella son leones rugientes; sus jueces, lobos nocturnos... Sus profetas son livianos, hombres prevaricadores; sus sacerdotes contaminaron el santuario, falsearon la ley" (3:3,4).

El primer capítulo pinta la desolación en que sería sumida Judá por sus prácticas idólatras al adorar a Baal y "al ejército del cielo" (1:4,5). Josías había acabado con la idolatría externa, pero el pueblo se apegaba a ella en el corazón. Los sacerdotes de negras túnicas de Baal andaban en contubernio con los sacerdotes de Dios. La ira de Dios se iba a derramar sobre cuatro clases de hombres malvados: idólatras, pacifistas, apóstatas y agnósticos (1:5,6). Era bien visto profesar y practicar la unión fundamental de todas las religiones y convertir la religión de las Escrituras en complemento de las demás.

El segundo capítulo predice el juicio sobre los filisteos, moabitas, amonitas y etíopes (2:4-12), y describe exactamente la desolación de Nínive (2:13-15). Compare las precisas predicciones de Sofonías (2:4), Amós (1:6-8), y Zacarías (9:5) respecto al destino de las principales ciudades de Filistea. La sentencia divina se cumplió; Filistea fue destruida para no levantarse más. La profecía respecto a que la tierra quedaría deshabitada se refiere a la extinción de los filisteos. Esto se confirma con la predicción de que toda su tierra pasaría a manos de los judíos (Sof. 2:6-7), predicción que se cumplió cuando los judíos ("el remanente de la casa de Judá", 2:7) regresaron de Babilonia. Puesto que esto era parte de la tierra prometida a Israel bajo el pacto con Abraham (Gn. 15:18-21; 17:8), resulta claro que ese territorio no habría de permanecer deshabitado todo el tiempo.

En el tercer capítulo, el profeta enjuicia a Jerusalén y reprende sus pecados. Argumentó (3:5,6) que la destrucción total de las naciones circundantes (2:4-15) debería de haber causado el arrepentimiento de Jerusalén. Pero la ciudad de David rehusó aprender la lección y se corrompió más (3:7), de modo que se hacía necesario que Dios la castigara.

La profecía concluye con la promesa de futura restauración para el pueblo elegido. Serían salvados, recogidos y vueltos a Palestina (3:19,20). En aquel día "el remanente de Israel no hará injusticia" (3:13), y por consiguiente será día de regocijo porque "Jehová ha apartado tus juicios" (3:15). Todos cuantos los afligieron serán castigados (3:19).

Las profecías de Sofonías se aplican a todas las naciones. Se ha dicho con razón que si alguien desea ver todos los oráculos secretos de los profetas del Antiguo Testamento reducidos a un breve resumen, no tiene más que leer el libro de Sofonías.

HAGEO, PROMOTOR DE LA EDIFICACION

Contenido: Profecía del segundo templo

Nación: Los regresados del exilio

Fecha: Escrito 520—518 a.C.

Autor: Hageo

Bosquejo:
- I. Construcción del templo, 1
  - A. Represión, vv. 1-11
  - B. Actividad, vv. 12-15

II. Consolación del templo, 2:1-9
   A. Malas comparaciones, vv. 1-3
   B. Mayor gloria, vv. 6-9
III. Santidad del templo, 2:10-19
   A. Anuncio de normas, vv. 10-13
   B. Aplicación de las normas, vv. 14-19
IV. Poder del templo, 2:20-23
   A. Profecía de destrucción
   B. Promesa a Zorobabel

Lectura selecta: Hageo

Los profetas del período asirio predijeron la caída de Samaria (722 a.C.). Los del período caldeo predijeron la destrucción de Jerusalén (586 a.C.). Ezequiel, Daniel y Abdías profetizaron durante el período del cautiverio. Hageo, Zacarías y Malaquías fueron profetas del post-exilio que trabajaron después que un resto fue devuelto a su patria (v. Esdras, Nehemías).

En 539 a.C. Ciro emitió el decreto que daba libertad y ayuda al pueblo para regresar a su patria (Esd. 1:1-4). Esto ponía fin a los 70 años de exilio predichos por Jeremías (Jer. 25:11). Antes de este decreto, Ciro había conquistado a Babilonia y el primer imperio mundial había cedido el paso al dominio medo-persa.

Hageo estuvo entre los primeros desterrados que volvieron bajo Zorobabel, el gobernador, y bajo Josué, el sumo sacerdote (Esd. 3:8; Hag. 1:1). Junto con sus compañeros, comenzó a restaurar la ciudad y reconstruir el templo. Pero pronto los detuvieron los samaritanos hostiles, envidiosos del especial privilegio que Ciro les había concedido. Esta poderosa y persistente oposición se prolongó hasta 521 a.C. Durante este período, el pueblo desanimado se dedicó a sus propios negocios. Se construyeron casas artesonadas (1:4), pero no tenían tiempo ni dinero para la casa de Dios. Lamentaban la depresión económica y la presentaban como excusa por su negligencia (1:6). Seguían esperando tiempos mejores (1:2), que no llegaban nunca. Es entonces cuando Hageo pronuncia su primera profecía. Insta al pueblo a dar el primer sitio a lo más importante, prometiendo que si obedecían a Dios y reconstruían el templo, sobrevendrían bendiciones espirituales (1:7-11).

Sus palabras produjeron el efecto deseado (Esd. 5:1,2) y se reanudó la construcción (1:12-15), aunque las perspectivas no eran halagüeñas. Los obreros eran pocos, probablemente un tercio de los que levantaron el primer templo. No tenían muchos medios para comprar materiales y carecían de habilidad para emplearlos. La riqueza del primer templo había sido entregada como tributo, y su gloria no era más que un montón de ruinas. Habían vivido tanto tiempo sin el templo, que no sentían necesidad de él.

Por estas razones, Hageo tuvo que infundirles nuevo y más vigoroso aliento. En su segunda profecía, les aseguró que la gloria del último templo sería mayor que la del primero. Difícilmente podrían comprender esto quienes habían llorado al recordar la magnificencia del edificio salomónico (Esd. 3:12,13) comparada con esta construcción menos impresionante. Quizá Hageo haya mirado hacia el futuro, hacia el templo milenario (Ez. 40:48) cuando el "Deseado de todas las naciones" (2:7) reinará en Jerusalén.

Pasaron tres meses sin que hubiera mejores esperanzas materiales. Por tercera vez el profeta alienta al pueblo. Los reprendió por su indiferencia. Les recordó que mientras fueran desobedientes y caprichosos, aun sus sacrificios serían profanos e inaceptables a Dios (2:12-14). Les aseguró que desde el momento en que se entregaran de todo corazón a restaurar el templo, cesarían las plagas de tizoncillo y granizo, y contarían con magníficas cosechas (2:16-19).

El último mensaje se dirige a Zorobabel el gobernador (2:20-23). Zorobabel era un príncipe de la familia real de David, y a través de quien se transmite la línea real en la genealogía del Mesías (Mt. 1:12) y la línea de descendencia natural (Lc. 3:27). Dios derribará los tronos de los reinos y destruirá la fortaleza de las naciones, pero su pueblo escogido será conservado y la familia real de David contará con uno de los suyos en el trono de Israel. El anillo del sello era señal de autoridad delegada (Gn. 41:42; Est. 3:10), y quizá pueda considerarse aquí a Zorobabel como representante o símbolo de Cristo (2:23).

Las profecías de Hageo fueron dadas todas dentro de un período de cuatro meses, cuya fecha exacta consta en cada caso. Su mensaje relativo al temblor de los cielos y la tierra así como de las naciones (2:6,7) se cita en el Nuevo Testamento (He. 12:26), y parece tener relación con las conmociones físicas y políticas que ocurrirán antes de la segunda venida de Cristo (Mt. 24:7,29; Hch. 2:19,20; Ap. 6:12-17).

ZACARIAS

Contenido: Israel en el marco mundial

Nación: Los exiliados del retorno

Fecha: Escrito entre 520—518 a.C.

Autor: Zacarías

Bosquejo:

Lectura selecta: Zacarías

Zacarías fue contemporáneo de Hageo y como éste, movió a los judíos a completar el templo (Esd. 5:1,2; 6:14). Al comparar los dos libros, se verá que Zacarías confirmó las palabras de Hageo y presentó, ante el débil e insignificante remanente, un cuadro de la más grande y excelsa restauración que se produciría en el lejano futuro. El principio que rige este paralelo es como un hilo que atraviesa todo el Antiguo Testamento. El ministerio de Hageo tuvo que ver con el templo y la vida religiosa del pueblo. El mensaje de Zacarías trató de la nación y su vida política.

Zacarías, como Hageo, ponía fecha a sus profecías. Dio su primer mensaje dos meses después de las primeras palabras de Hageo, y la última fecha que da es dos meses posterior a la última profecía de dicho profeta. "Así ha dicho Jehová" aparece 1.904 veces en el Antiguo Testamento. Zacarías empleó esa expresión o su equivalente por lo menos ochenta y nueve veces, prueba de que su mensaje era divino. "El Señor de los ejércitos" es otra expresión favorita que aparece treinta y seis veces.

El libro presenta ocho visiones (1—6), cuatro mensajes (7,8), y dos cargas (9—14). La primera de las visiones simbólicas, el

116

hombre entre los mirtos (1:8-17), es símbolo del vigilante cuidado de Dios por Israel en la época presente. Mientras "toda la tierra está reposada y quieta" (1:11) y las naciones paganas "están en reposo" (1:15), después de setenta años de exilio todavía se perturba a los judíos; pero Dios no se ha olvidado de su pueblo "y aún consolará Jehová a Sion, y escogerá todavía a Jerusalén" (1:17).

En la segunda visión simbólica los cuatro cuernos representan los cuatro imperios mundiales que han esparcido a Israel (1:18,19), y los cuatro carpinteros, las respectivas potencias que a su tiempo derribarán a Babilonia, Persia, Grecia y Roma (1:20).

El cordel de medir de la tercera visión (2:4,5) simboliza una más grande Jerusalén con una vasta población y cuyos suburbios se extenderán mucho más allá de sus muros. También Jeremías llamó la atención a esa metrópoli ampliada, con minucioso detalle (Jer. 31:38-41). Las señas de esas medidas han sido definitivamente localizadas y la ciudad ya ha extendido sus límites hasta esos puntos, cumpliéndose así estas profecías. La futura Jerusalén, en vez de confiar en la seguridad de sus murallas, pondrá su fe en la protección de su Dios (2:5).

La cuarta visión contiene la absolución y restauración del sacerdocio mediante Josué. Quitarle al sumo sacerdote sus sucias vestiduras simboliza la purificación de Israel en preparación para el futuro servicio en pro de Cristo. El no tener el trono de David había desalentado al remanente del retorno, pero el profeta consuela a Israel prediciéndole que el Renuevo de David aún habrá de ocupar el trono (3:8).

La visión del candelabro (4) representa a Israel, lleno del Espíritu Santo, iluminando al mundo. Los dos ungidos (4:11-14) son Zorobabel y Josué que, "no con ejército, ni con fuerza, sino con mi Espíritu" vencerán toda oposición y lograrán completar la construcción del templo.

La sexta visión, el rollo volante (5:1-4), revela los veloces juicios que vendrán sobre los pecadores individuales, especialmente los ladrones y perjuros.

La séptima visión, el efa en tierra de Sinar, sugiere un reavivamiento de Babilonia como centro comercial del mundo (cp. Ap. 18). Se reconoce a Babilonia como cuna de la civilización. Aún hoy día es el centro geográfico de los tres continentes más poblados: Asia, Africa y Europa. Alejandro, César y Napoleón planearon su reconstrucción.

La última visión, los cuatro carros (6:1-8), se compara con la primera visión. Representa la administración de justicia por todo el mundo cuando Cristo sea coronado rey. Los carros y caballos son instrumentos del juicio divino.

Tras las ocho visiones, Zacarías presenta una lección práctica. Se le ordena poner coronas de oro y plata en la cabeza de Josué, el sumo sacerdote. Estas coronas representaban la unión de los oficios sacerdotal y real en el Mesías, por el cual sería consumado el verdadero templo de Dios (6:9 - 15).

Los cuatro mensajes de la segunda porción del libro fueron dados a los delegados de Babilonia. Estos habían preguntado si Dios había aprobado los nuevos ayunos instituidos durante el cautiverio por la destrucción de la ciudad y el templo. El profeta respondió que Dios no había aprobado esos formalismos e hipocresías, pero que sí exigía obediencia a la ley y atención a las exhortaciones de los profetas. Los últimos dos mensajes contienen predicciones de la prosperidad recobrada en los últimos días. Las temporadas de ayuno se convertirán entonces en jubilosas fiestas y los judíos serán bendición universal (7:4 - 7; 7:8 - 14; 8:1 - 17; 8:18 - 23).

En la última parte del libro Zacarías presenta dos cargas. La primera se refiere a los *opresores* (9-11). Es descrita la opresión griega (9, 10) y el período romano (11) que culmina en el rechazo del Mesías por los judíos.

La segunda carga se refiere a los *oprimidos* (12-14). Presenta sucesos aún futuros, y es una serie de profecías que comienzan con las naciones gentiles que asedian a Jerusalén y son rechazadas (12:1-10). Los judíos llorarán por sus pecados (12:11-14); se abrirá un manantial para la purificación del pecado y la impureza (13:1, 2); no habrá más idolatría; y la voz de los falsos profetas cesará (13:3-9).

El último capítulo presenta a Cristo conduciendo a su ejército triunfante contra las naciones y ascendiendo al trono de David en Jerusalén para ser Rey de toda la tierra.

Finalmente, el profeta ve a Jerusalén como capital de las naciones. "Todos los que sobrevivieren de las naciones que vinieron contra Jerusalén, subirán de año en año para adorar al Rey . . . y a celebrar la fiesta" (14:16).

El libro de Zacarías contiene más profecías específicamente relativas a la crucifixión de Cristo, que cualquier otro libro del Antiguo Testamento, excepto los Salmos. Los acontecimientos predichos incluyen la entrada triunfal en Jerusalén (9:9); la traición por treinta piezas de plata (11:12); la compra del campo del alfarero con el dinero de la sangre (11:13); la traición de sus falsos amigos (13:6); y el esparcimiento de los discípulos (13:7).

El Nuevo Testamento hace constar el cumplimiento de estas profecías.

MALAQUIAS

Contenido: Ultimas advertencias proféticas

Nación: Los exiliados del retorno

Fecha: Escrito entre 435–425 a.C.

Autor: Malaquías

Bosquejo:
  I. Ingratitud, 1:1–2:17
      A. Dios deshonrado, 1:1–2:9
      B. El hombre deshonrado, 2:10-17
  II. Juicio, 3
      A. El juez, vv. 1-16
      B. Reprensiones, vv. 7–15
      C. Promesas, vv. 16–18
  III. Exhortación, 4
      A. Día, v. 1
      B. Cristo, vv. 2,3
      C. Ley, v. 4
      D. Precursor, vv. 5,6

Lectura selecta: Malaquías

Malaquías, contemporáneo de Nehemías, profetizó entre la segunda y tercera administración del gobernador de Jerusalén (433 a.C.). Esto se deduce de que evidentemente el templo existía por aquel tiempo, y los males condenados por Nehemías también fueron reprendidos por este profeta.

Malaquías era un maestro y polemista, no un poeta ni orador. Se vale principalmente de la argumentación y el debate para mover a sus oyentes y demostrar sus aseveraciones. Luego que el pueblo, en respuesta a la exhortación de Hageo y Zacarías, había reconstruido el templo, su culto se volvió cada vez más formal y egoísta. Malaquías enumeró cinco pecados nacionales respecto a los cuales el pueblo era negligente y despreocupado.

El primero y quizá más grave de ellos era la *ingratitud* (1:1-5). Este mal estaba íntimamente relacionado con la *irreverencia* (1:6-14). Los sacerdotes daban ejemplo en esta iniquidad, pero el pueblo que los imitaba compartía la culpa de ellos.

La tercera falta era el *sacerdocio indigno* (2:1-9). Mientras Zorobabel vivió el sacerdocio fue dedicado. Más adelante cayó en manos de hombres demasiado débiles para resistir a las nuevas tentaciones. El puesto de sacerdote se volvió indigno, despreciable y corrompido.

La cuarta iniquidad era la *infidelidad* (2:10 - 16). La gente era falsa para con Dios, y unos para con otros. "Judá ha profanado el santuario de Jehová que él amó, y se casó con hija de dios extraño."

El quinto pecado era el *espíritu de queja* (2:17; 3:13 - 15). El pueblo de Dios decía servirle, pero protestaban amargamente contra su imaginario favoritismo hacia los malos. Se imaginaban que los malos eran felices, y que aun cuando cayeran en algún lazo, eran liberados por el Omnipotente. El egoísmo farisaico, tan evidente en tiempos de Cristo, volvía al pueblo absolutamente inconsciente de las faltas por las cuales se les reprendía. Desvergonzada y arrogantemente, vez tras vez negaban las acusaciones que se les echaba en cara (1:2,7; 2:17; 3:7,8).

En el tercer capítulo se anuncia la llegada de Juan el Bautista, "el cual preparará el camino delante del Señor" (3:1–3). Se amonesta al pueblo por su egoísmo y se le recuerdan las bendiciones que recibirán de ser sinceros en su fidelidad al pagar diezmos y ofrendas (3:8 - 11).

En el capítulo final, Malaquías habla de juicio y salvación (4:2). Predice el regreso de Elías antes que venga el grande y espantoso Día del Señor (4:5). Nuestro Señor indicó que Juan el Bautista podría haber cumplido esta profecía *si* hubiera sido recibido (Mt. 11:14). Pero, igual que aquél a quien anunciaba, fue rechazado. Después de muerto Juan, nuestro Señor declaró que Elías vendría y restauraría todas las cosas (Mt. 17:11). Por tanto, según parece, esta profecía del advenimiento de Elías aún está por cumplirse.

Así como el último versículo del Génesis habla de un ataúd, la última palabra de Malaquías es la "maldición" que siguió al pueblo infiel y desobediente. Todo el Antiguo Testamento es la trágica historia del fracaso del hombre ante el cual aparecen las reiteradas promesas de un Redentor venidero, como los rayos del alba entre la oscuridad de la noche. En el Nuevo Testamento vemos el cumplimiento de la profecía: "Nacerá el sol de justicia, y en sus alas traerá salvación" (Mal. 4:2).

PREGUNTAS POSIBLES PARA REPASO

1. ¿En qué tiempo profetizó Sofonías?

2. ¿Cómo se han cumplido al pie de la letra sus predicciones respecto a cuatro ciudades de Filistea?

3. ¿Por qué se dice que el libro de Sofonías es un resumen de la profecía?

4. ¿A cuál pueblo le profetizó Hageo? ¿Cuándo?

5. Diga la esencia de cada uno de los cuatro discursos de Hageo.

6. ¿Cuál fue la ocasión en que profetizó Zacarías?

7. ¿Por qué fueron necesarios los ministerios de Hageo y Zacarías?

8. ¿Qué hechos futuros se predicen en el último capítulo de Zacarías?

9. Diga las profecías relacionadas con la crucifixión de nuestro Señor.

10. ¿Qué prueba que Malaquías fue contemporáneo de Nehemías?

11. ¿Qué cinco pecados nacionales enrostró Malaquías al pueblo?

12. ¿Cómo conducen los sucesos del Antiguo Testamento a los del Nuevo?

EXPLORACION ADICIONAL

1. Vuelva a leer cuidadosamente el libro de Hageo y, en cuanto al mensaje de Dios relativo al templo, señale la relación práctica que tiene con la responsabilidad del cristiano hacia la casa de Dios.

2. Complete el cuadro que se sugiere en el capítulo 5, proyecto 3.

3. Del estudio del cuadro arriba citado, anote las palabras clave paralelas a los mensajes de los profetas. Las que contrastan entre sí. ¿Qué molde general puede observarse? ¿Qué progresión se descubre?

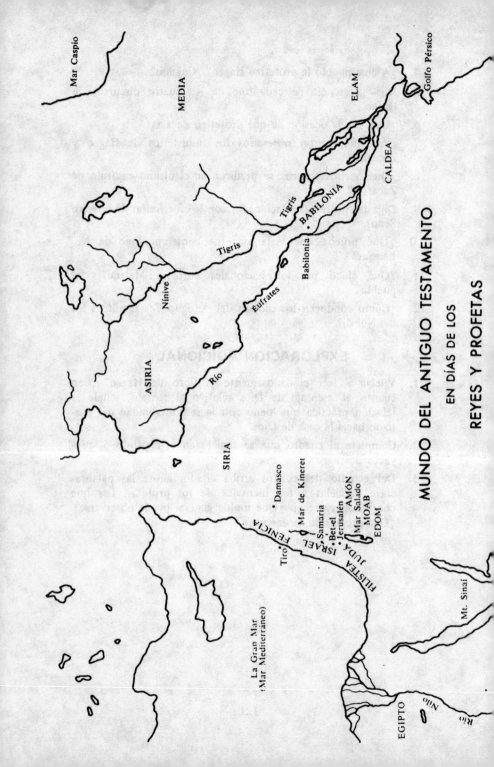

MUNDO DEL ANTIGUO TESTAMENTO
EN DÍAS DE LOS
REYES Y PROFETAS

NOTAS DE ESTUDIOS

NOTAS DE ESTUDIOS

NOTAS DE ESTUDIOS

NOTAS DE ESTUDIOS

NOTAS DE ESTUDIOS

NOTAS DE ESTUDIOS